Juste quelques indications :

Généralement, **il faut seulement lire le texte Allemand !**
En cas d'incompréhension, on peut sauter à la ligne en bas.
Ne pas lire tout le texte traduit.

Les mots soulignés en pointillés sont des expressions.

Les symboles 1... et ...1 indiquent les particules de mots séparables.

Le texte entre des parenthèses carrées [ ] indique un commentaire
du traducteur.

Comme un mot peut avoir plusieurs significations,
on observe la règle suivante:
la signification qui est donnée est celle que le mot a
dans le contexte donné.

En général on a privilégié le côté pratique par rapport à l'exactitude
scientifique.

Johann Peter Hebel / Isabelle Schweitzer :
Der listige Kaufmann / Le marchand rusé
Lecture bilingue, Allemand / Français
Traduit mot à mot –
sur une ligne intermédiaire insérée

Plaisir de lecture sans consultation gênante !

Traductrice : Isabelle Schweitzer
Editeur : Harald Holder
Les textes ont été légèrement adaptés
à l'usage linguistique actuel (par l'éditeur).

ISBN : 978 – 3 – 94 33 94 – 63 – 4

Impression et reliure : Books on Demand GmbH, Norderstedt
Printed in Germany

www.holder-augsburg-zweisprachig.de

Der listige Kaufmann
Le rusé marchand

Die Wölfe beißen bisweilen auch ein gescheites Hündlein, sagt
Les loups mordent de temps à autre aussi un intelligent petit chien dit

Doktor Luther. Ein französischer Kaufmann segelte mit einem Schiff
Docteur Luther Un français marchand naviguait avec son bâteau

voll großen Reichtums aus dem Osten heim, aus dem Morgenland, wo
rempli [de] grandes richesses depuis l' Orient de retour depuis le pays du soleil levant où

unser Glaube, unsere Obstbäume und unser Blut daheim ist, und
notre croyance nos arbres fruitiers et notre sang chez lui est et
daheim ist = être originaire de

dachte schon mit Freuden daran, wie er jetzt bald ein eigenes
pensait déjà avec joie à comment il maintenant bientôt un propre

Schlösslein am Meer bauen, und ruhig leben und alle Abende dreierlei
petit château à la mer construire et tranquillement vivre et toutes les soirées trois sortes

Fische zu Nacht speisen wolle. Paff, geschah ein Schuss! Ein
poisson pour le soir voulait manger Paff arriva un coup de feu Un

algerisches Raubschiff war in der Nähe, wollte uns gefangen nehmen
algérien bateau pirate était dans la proximité voulait nous prisonnier prendre

und geraden Weges nach Algier führen in die Sklaverei. Denn hat man
et directement vers Alger mener dans l' esclavage Car a on

zwischen Wasser und Himmel gute Gelegenheit, Luftschlösser zu
entre eau et ciel bonne occasion, châteaux d'air à
Luftschloss = château en Espagne

bauen, so hat man auch gute Gelegenheit, zu stehlen. So denken die
construire ainsi a on aussi bonne occasion de voler Ainsi pensent les

algerischen Seeräuber auch. Hat das Wasser keine Balken, so hat es
algériens pirates aussi. A l' eau pas [de] poutres ainsi a elle

auch keine Galgen. Zum Glück hatte der Kaufmann einen Kroaten auf
aussi aucune potence. Par chance avait le marchand un Croate sur

dem Schiff, der schon einmal in algerischer Gefangenschaft gewesen
le bateau qui déjà une fois en algérienne captivité était

war und ihre Sprache und ihre Prügel aus dem Fundament verstand.
avait et leur langue et leurs coups du fondement comprit.

Zu dem sagte der Kaufmann: "Nicolo, hast du Lust noch einmal
A celui-ci dit le marchand Nicolo as-tu envie encore une fois

algerisch zu werden? Folge mir, was ich dir sage, so kannst du dich
algérien à devenir Suis moi ce que je te dis ainsi peux tu te

erretten, und uns." Also verbargen wir uns alle im Schiff, dass kein
sauver et nous [aussi] Donc cachions nous nous tous dans le bateau que aucune

Mensch zu sehen war; nur der Kroate stellte sich oben auf das Deck.
personne visible était seulement le Croate posait soi en-haut sur le pont.

4

Als nun die Seeräuber mit ihren blinkenden Säbeln schon nahe waren
Quand maintenant les pirates avec leurs brillants sabres déjà près étaient

und riefen, die Christenhunde sollten sich ergeben, fing der Kroate mit
et criaient les chiens du Christ devaient se rendre commençait 1... le Croate avec

kläglicher Stimme auf Arabisch an: "Wir sind alle an der Pest
sonore voix en Arabe ...1 Nous sommes tous de la Peste

gestorben, bis auf die Kranken, die noch auf ihr Ende warten, und ein
mort sauf les malades qui encore sur leur fin attendent et un

deutscher Amtsdiener und ich. Um Gottes Willen, rettet mich!" Dem
allemand fonctionnaire et moi. Pour Dieu volonté sauvez - moi Le

algerischen Kapitän, als er hörte, dass er so nah an einem Schiff voll
algérien capitaine lorsqu'il entendait que il si près à un bateau plein

Pest sei, wurde leichenblass. In der größten
peste était devenait pâle comme un mort. Dans la plus grande

Geschwindigkeit hielt er das Taschentuch vor die Nase, hatte aber
vitesse tenait il le mouchoir devant le nez avait mais

keines, sondern den Ärmel; und lenkte sein Schiff hinter den Wind.
aucun seulement la manche et dirigeait son bateau derrière le vent

"Gott helfe dir, der Gnädige und Barmherzige! Aber geh zum Henker
Dieu aide toi le gracieux et miséricordieux Mais va à le bourreau

mit deiner Pest! Ich will dir eine Flasche voll Kräuteressig reichen."
avec ta peste Je veux te une bouteille pleine[de] vinaigre de plantes donner

Darauf ließ er ihm eine Flasche voll Kräuteressig reichen, an einer
Là-dessus laissait il lui une bouteille pleine[de] vinaigre de plantes donner à une

langen Stange, und segelte so schnell wie möglich davon. Also kamen
longue tige et naviguait aussi rapidement que possible plus loin Ainsi venions

wir glücklich aus der Gefahr, und der Kaufherr baute hernach in der
nous heureusement de le danger et le marchand construisait par après dans la

Gegend von Marseille das Schlösslein und stellte den Kroaten als
région de Marseille le petit château et embaucha 1... le Croate comme

Hausmeister an, auf lebenslang.
Concièrge ...1 à vie

Das schlaue Mädchen
La intelligente fillette

In einer großen Stadt hatten viele reiche und vornehme Herren einen
Dans une grande ville avaient beaucoup riches et distingués messieurs un

lustigen Tag. Einer von ihnen dachte: "Könnt ihr heute dem Wirt und
drôle jour Un de eux pensait Pourriez vous aujourd'hui ce patron et

5

den Musikanten wenigstens 1500 Gulden zu verdienen geben, so
ces   musiciens   au moins   1500   florins   à   gagner   donner   ainsi

könnt ihr auch etwas für die liebe Armut beisteuern." Also kam, als
pouvez vous aussi un peu pour la chère pauvreté imposer.   Ainsi venait lorsque

die Herren am fröhlichsten waren, ein hübsches und nett gekleidetes
les messieurs le plus joyeux étaient une   jolie   et sympathique habillée

Mädchen mit einem Teller und bat mit süßen Blicken und liebem
fillette   avec une   assiette et proposa avec doux   regards   et   aimable

Wort um eine Gabe für die Armen. Jeder gab, der eine weniger, der
mot pour une offrande pour les pauvres.   Chacun donna l'   un   moins   l'

andere mehr, je nachdem der Geldbeutel beschaffen war und das
autre   plus en fonction de   bourse   constituée   était et   le

Herz. Denn kleiner Beutel und enges Herz gibt wenig. Weiter Beutel
coeur. Car   petite bourse et étroit coeur donne peu.   Large bourse

und großes Herz gibt viel. So ein Herz hatte derjenige, zu welchem
et   grand   coeur donne beaucoup Ainsi un coeur avait   celui   auquel

das Mädchen jetzt kommt. Denn als er ihm in die hellen,
la   fillette   maintenant arrive.   Car lorsqu' il elle dans les clairs

schmeichelnden Augen schaute, ging ihm das Herz fast in Liebe auf.
flatteurs   yeux   regarda   ouvrit 1... lui   le coeur presque en amour   ...1.

Deswegen   legte er zwei Louisdor auf den Teller und sagte dem
Pour cette raison posa il deux   Louis d'or sur la assiette et   dit   à la

Mädchen ins Ohr: "Für deine zwei schönen blauen Augen." Das war
fillette   dans oreille Pour tes   deux beaux   bleu   yeux.   Ceci était

nämlich so gemeint: Weil du, schöne Gutherzige für die Armen, zwei
en effet   ainsi pensé   Car toi   belle généreuse pour les   pauvres   deux

so schöne Augen hast, so geb' ich den Armen zwei so schöne
si beaux   yeux   as   aussi donne je aux pauvres deux si beaux

Louisdor, sonst würde eine auch reichen. Das schlaue Mädchen aber
Louis d'or, sinon pourrait une aussi suffire.   La intelligente fillette   mais

stellte sich, als wenn es die Sache ganz anders verstünde. Denn weil er
montrait soi comme si elle la chose tout autrement comprenait.   Car parcequ' il

sagte: "Für deine zwei schöne Augen" – nahm es ganz züchtig die
disait Pour tes deux beaux yeux   prit elle tout chastement les

zwei Louisdor vom Teller weg, steckte sie in den eigenen Sack und
deux Louis d'or de la assiette parti enfonça les dans le   propre   sac   et

sagte mit schmeichelnden Gebärden: "Schönen, herzlichen Dank!
dit   avec   flatteurs   comportements beau   chaleureux   merci

Aber seid so gut und gebt mir jetzt auch noch etwas   für die
Mais soyez si bon et donnez moi maintenant aussi encore quelque chose pour les

Armen."
pauvres

Da legte der Herr noch einmal zwei Louisdor auf den Teller, kniff das
Là posa le monsieur encore une fois deux Louis d'or sur la assiette pinça la

Mädchen freundlich in die Backen und sagte: "Du kleiner Schuft!"
fillette gentillement dans les joues et disait Toi petite crapule

Von den andern aber wurde er ganz entsetzlich ausgelacht, und sie
Des autres mais était il tout horriblement moqué et ils

tranken auf des Mädels Gesundheit, und die Musikanten machten
buvaient sur la [génitiv] fillette santé et les musiciens faisaient

Wirbel.
remue-ménage.

Der Fremde in Memel
Le étranger dans Memel

Oft sieht die Wahrheit wie eine Lüge aus. Das erfuhr ein Fremder,
Souvent ressemble1... la vérité comme un mensonge ...1 Ceci apprit un étranger

der vor einigen Jahren mit einem Schiff aus Westindien an den Küsten
qui il y a quelques années avec un bateau de Caraïbes à les côtes

der Ostsee ankam. Damals war der russische Kaiser bei dem König
[de] la mer Baltique arriva A l'époque était le russe empereur chez le roi

von Preußen auf Besuch. Beide Monarchen standen in gewöhnlicher
de Prusse en visite Les deux monarques se tenaient en ordinaire

Kleidung, ohne Begleitung, Hand in Hand, als zwei rechte gute
habillement sans accompagnateur main dans la main comme deux très bons

Freunde, beieinander am Ufer. So etwas sieht man
amis ensemble sur la rive Quelque chose comme ça voit on

nicht alle Tage.
pas tous [les] jours

Der Fremde dachte auch nicht daran, sondern ging ganz treuherzig
Le étranger y pensa 1... aussi pas ...1 mais alla 2... tout candide

auf sie zu, meinte, es seien zwei Kaufleute oder andere Herren aus der
vers eux ...2 pensa ce seraient deux commerçants ou autres messieurs de la

Gegend, und fing ein Gespräch mit ihnen an, war begierig,
région et commença 3... une discussion avec eux ...3 était avide

allerlei neues zu hören, das seit seiner Abwesenheit sich zugetragen
toute sorte nouveau à entendre que depuis son absence se produit

habe. Endlich, da die beiden Monarchen sich leutselig mit ihm
avait Enfin comme les deux monarques se affable avec lui

unterhielten, fand er Veranlassung, den einen auf eine höfliche Art zu
discutaient trouva il instigation l'un sur une poli manière à

fragen, wer er sei. "Ich bin der König von Preußen", sagte der eine.
demander qui il était Je suis le roi de Prusse dit l'un

Das kam nun dem fremden Ankömmling schon ein wenig
Ceci sembla1... maintenant le étranger arrivant déjà un peu

sonderbar vor. Doch dachte er: Es ist möglich, und machte vor dem
curieux ...1 Mais pensa il C'est possible et faisait devant le

Könige ein ehrerbietiges Kompliment. Und das war vernünftig.
roi un déférent compliment Et ceci était raisonnable

In zweifelhaften Dingen muss man immer das Sicherste und Beste
En douteuses choses doit on toujours le plus sûr et meilleur

wählen und lieber eine Höflichkeit aus Irrtum begehen als eine
choisir et plutôt une politesse par erreur commettre que une

Grobheit. Als aber der König weiter sprach und auf seinen Begleiter
grossièreté Lorsque mais le roi parla à nouveau et sur son accompagnateur

deutete: "Dies ist Seine Majestät der russische Kaiser", da war 's
montra Ceci est sa majesté le russe empereur là était ce

doch dem ehrlichen Mann, als wenn zwei Spaßvögel ihn zum
tout de même le honnête homme comme si deux plaisantins lui pour le

Narren halten wollten, und sagte: "Wenn ihr Herren mit einem
fou prendre voulaient et disait Si vous messieurs avec un

ehrlichen Mann euern Spaß haben wollt, so sucht einen andern als
honnête homme votre divertissement avoir voulez alors cherchez un autre que

mich. Bin ich deswegen aus Westindien hierher gekommen, dass ich
moi Suis je pour cette raison de Caraïbes ici venu que je

euer Narr sei?" – Der Kaiser wollte ihm zwar versichern, dass er
votre fou serait Le empereur voulait lui certes assurer que il

tatsächlich derjenige sei. Der Fremde gab jedoch kein Gehör mehr.
en réalité celui serait Le étranger donna pourtant aucune écoute plus

"Ein russischer Spaßvogel mögt Ihr sein", sagte er. Als er aber
Un russe plaisantin vouloir vous être disait il Lorsque il mais

nachher im "Grünen Baum" die Sache erzählte und gegenteiligen
après à le "Vert Arbre" la chose raconta et contraire

Bericht bekam, da kam er ganz demütig wieder, bat fußfällig um
rapport reçut là venait il tout humble à nouveau pria à genoux pour

Vergebung, und die großmütigen Monarchen verziehen ihm, wie
pardon et les magnanimes monarques pardonnèrent lui comme

natürlich, und hatten hernach viel Spaß an dem Vorfall.
naturellement et avaient après beaucoup plaisir à cet incident

8

Der geheilte Patient
Le   guéri   patient

Reiche Leute haben trotz ihres Wohlstandes doch manchmal
Riche[s] personnes ont   malgré leur   aisance   tout de même quelques fois

auch allerlei Lasten und Krankheiten auszustehen, von denen gottlob
aussi toutes sortes charges et   maladies   [à] supporter   desquelles Dieu merci

der arme Mann nichts weiß, denn es gibt Krankheiten, die nicht in der
le   pauvre homme rien   sait   car il existe   maladies   qui   ne   dans l'

Luft stecken, sondern in den vollen Schüsseln und Gläsern und in den
air se trouvent mais   dans les   plein   saladiers   et   verres   et dans les

weichen Sesseln und seidenen Betten, wie jener reiche Amsterdamer
moelleux fauteuils et   soyeux   lits   comme ce   riche   Amsterdamois

ein Wort davon reden kann.
un   mot   en   parler   peut

Den ganzen Vormittag saß er im Lehnsessel und rauchte Tabak, wenn
Le   tout   matin   assis il dans le fauteuil   et   fumait   tabac   lorsque

er nicht zu faul war, oder sah gelangweilt zum Fenster hinaus,
il pas   trop paresseux était   ou   regardait ennuyé   par la   fenêtre   dehors

aß aber zu Mittag doch wie ein Scheunendrescher, die Nachbarn
mangeait mais à midi quand même comme une moissonneuse-batteuse les   voisins

sagten manchmal: "Windet es draußen oder schnauft der Nachbar
disaient quelques fois   Vente - il dehors   ou   respire   le   voisin

so?" Den ganzen Nachmittag aß und trank er ebenfalls bald etwas
ainsi Tout entier   après-midi   mangea et buvait il également bientôt quelque chose

Kaltes, bald etwas Warmes, ohne Hunger und ohne Appetit, aus lauter
froid   bientôt quelque chose chaud   sans   faim   et   sans   appétit   de rien que

Langeweile bis an den Abend, so daß man bei ihm nie recht sagen
ennui   jusque à le   soir   si bien que on   chez lui jamais vraiment dire

konnte, wo das Mittagessen aufhörte und wo das Nachtessen anfing.
pouvait où le   déjeuner   terminait et où le   dîner   débutait

Nach dem Nachtessen legte er sich ins Bett und war so müde, als
Après le   dîner   couchait il se dans le lit   et était si   fatigué comme

wenn er den ganzen Tag Steine abgeladen oder Holz gespalten hätte.
si il le   entier jour cailloux déchargé ou   bois   fendu   avait

Davon bekam er zuletzt einen dicken Leib, der so unbeholfen war wie
De ceci reçut il en dernier un   gros   corps qui si   gauche   était comme

ein Sack. Essen und Schlaf wollten ihm nicht mehr schmecken, und er
un   sac Manger et dormir voulaient lui   ne   plus   plaire   et il

war lange Zeit, wie es manchmal geht, nicht recht gesund und nicht
était long temps comme il quelques fois   va   ne   vraiment en forme et   ne

recht krank; wenn man aber ihn selber hörte, so hatte er 365
vraiment malade quand on mais lui même entendait ainsi avait il 365

Krankheiten, nämlich alle Tage eine andere.
maladies notamment tous les jours une autre

Alle Ärzte, die in Amsterdam sind, mussten ihm raten. Er verschluckte
Tous médecins qui à Amsterdam sont devaient lui conseiller Il avalait

ganze Eimer voll Mixturen und ganze Schaufeln voll Pulver und
entiers seaux plein mixtures et entieres pelles pleine poudre et

Pillen, wie Enteneier so groß, und man nannte ihn zuletzt scherzweise
pillules comme œufs de canard si gros et on appelait lui en dernier plaisantant

nur die zweibeinige Apotheke. Aber alle Ärzte halfen ihm nichts
que la avec deux jambes pharmacie Mais tous médecins aidaient lui rien

denn er befolgte nicht, was ihm die Ärzte befahlen, sondern sagte:
car il suivait ne ce que lui les médecins conseillaient mais disait

"Wofür bin ich ein reicher Mann, wenn ich leben soll wie ein Hund,
Pourquoi suis je un riche homme si je vivre doit comme un chien

und der Doktor will mich nicht gesund machen für mein Geld?"
et le docteur veut moi pas guérir faire pour mon argent

Endlich hörte er von einem Arzt, der hundert Stunden weit weg
Enfin entendait il de un médecin qui cent heures loin

wohnte, der sei so geschickt, dass die Kranken gesund würden, wenn
habitait qui soit si habile que les malades en forme devenaient si

er sie nur recht anschaute, und der Tod ginge ihm aus dem Wege, wo
il les seulement bien regardait et la mort partait lui de le chemin où

er sich sehen lasse. Zu dem Arzt fasste der Mann ein Zutrauen und
il se voir laisse A le médecin saisissait le homme une confiance et

schrieb ihm seinen Umstand. Der Arzt merkte bald, was ihm fehlte,
écrivait lui son circonstance[s] Le médecin constatait bientôt quoi lui manquait

nämlich nicht Arznei, sondern Mäßigkeit und Bewegung, und sagte:
à savoir pas médicament mais modération et exercice et disait

"Wart', dich will ich bald kuriert haben!" Deswegen schrieb er ihm
Attends toi veux je bientôt guérit avoir Pour cette raison écrivait il lui

ein Brieflein mit folgendem Inhalt:
une petite lettre avec suivant contenu

"Guter Freund, Ihr habt einen schlimmen Umstand, doch man kann
Bon ami vous avez un terrible circonstance[s] mais on peut

Euch helfen, wenn Ihr folgen wollt. Ihr habt ein böses Tier   im
vous aider si vous suivre voulez Vous avez un méchant animal dans le

Bauch, ein Biest mit sieben Mäulern. Mit dem Biest muss ich selber
ventre une bestiole avec sept bouches Avec la bestiole dois je moi-même

10

reden, und Ihr müsst zu mir kommen.
parler et vous devez à moi venir

Aber erstens dürft Ihr nicht fahren oder auf dem Rösslein reiten,
Mais premièrement devez vous pas rouler ou sur le petit cheval monter

sondern zu Fuß gehen, sonst schüttelt Ihr das Biest, und es beißt
mais à pied aller sinon secouer vous la bestiole et elle mord 1...

Euch die Eingeweide ab, sieben Därme auf einmal.
vous les viscères ...1 sept intestins en une fois

Zweitens dürft Ihr nicht mehr essen als zweimal am Tag einen Teller
Deuxièmement devez vous pas plus manger que deux fois par jour une assiette

voll Gemüse, mittags ein Bratwürstlein dazu, und nachts ein Ei, und
pleine légumes [à] midi une saucisse à griller avec et [le] soir un œuf et

am Morgen ein Fleischsüpplein mit Schnittlauch drauf. Was Ihr mehr
le matin une soupe de viande avec ciboulette dessus Ce que vous plus

esst, davon wird nur das Biest größer, so dass es Euch die Leber
mangez de ceci devient seulement la bestiole plus grande ainsi elle vous le foie

zerdrückt, und der Schneider hat Euch nicht mehr viel anzumessen,
écrase et le tailleur a vous ne plus beaucoup mesurer

wohl aber der Schreiner. Dies ist mein Rat, und wenn Ihr mir nicht
mieux mais le menuisier Ceci est mon conseil et si vous me plus

folgt, so hört Ihr im nächsten Frühjahr den Kuckuck nicht mehr
suivez alors entendez vous au prochain printemps le coucou ne plus

schreien. Tut, was Ihr wollt!"
crier Faites ce que vous voulez

Als der Patient so mit sich reden hörte, ließ er sich sogleich am
Lorsque le patient ainsi avec soi parler entendit laissait il se aussitôt au

anderen Morgen die Stiefel einfetten und machte sich auf den Weg,
autre matin les bottes graisser et faisait soi sur le chemin

wie ihm der Doktor befohlen hatte.
comme lui le docteur ordonné avait

Den ersten Tag ging es so langsam, dass eine Schnecke hätte
Le premier jour allait ça si lentement que un escargot aurait

mitgehen können, und wer ihn grüßte, dem dankte er nicht, und wo
aller avec pouvoir et qui le saluait lui remerciait il pas et où

ein Würmlein auf der Erde kroch, das zertrat er. Aber schon am
un petit verre sur la terre rempait ceci piétinait il Mais déjà au

zweiten und am dritten Morgen kam es ihm vor, als wenn die Vögel
deuxième et au troisième matin semblait 1... lui ...1 comme si les oiseaux

schon lange nicht mehr so lieblich gesungen hätten, und der Tau
déjà longemps plus si joliment chanté avaient et la rosée

schien ihm so frisch und die Kornrosen im Felde so rot, und alle
semblait lui si frais et les coquelicots dans le champ si rouge et tous

Leute, die ihm begegneten, sahen   so freundlich aus, und er auch.
gens qui lui croisaient semblaient 1... si amable ...1 et lui aussi

Und alle Morgen, wenn er aus der Herberge ging, war's schöner, und
Et tous matins lorsque il de l' auberge sortait c'était plus beau et

er ging leichter und munterer dahin, und als er am achtzehnten Tage
il allait plus léger et plus gai y et lorsque il le dix huitième jour

in der Stadt des Arztes ankam und den anderen Morgen aufstand, war
dans la ville du medicin arriva et le autre matin se levait était

es ihm so wohl, dass er sagte:
ce lui si bien que il dit

"Ich hätte zu keiner ungünstigeren Zeit gesund werden können als
Je aurai à aucun plus défavorable temps guérir devenir pouvoir que

jetzt, wo ich zum Doktor soll".
maintenant où je chez le docteur doit

Als er zum Doktor kam, nahm ihn der Doktor bei der Hand und
Lorsque il chez le docteur arriva prit lui le docteur par la main et

sagte ihm:
disait lui

"jetzt erzählt mir doch noch einmal von Anfang an, was Euch fehlt."
Maintenant racontez moi donc encore une fois depuis le début quoi vous manque

Da sagte er:
Là disait il

"Herr Doktor, mir fehlt gottlob nichts, und wenn Ihr so gesund seid
Monsieur docteur moi manque Dieu merci rien et si vous aussi en forme êtes

wie ich, so soll's mich freuen."
comme moi alors doit il me réjouir

Der Doktor sagte:
Le docteur disait

"Das hat Euch ein guter Geist geraten, dass Ihr meinen Rat befolgt
Ceci a vous un bon génie conseillé que vous mon conseil suivi

habt. Das Biest ist jetzt leblos. Aber Ihr habt noch Eier im Leib,
avez La bestiole est maintenant sans vie Mais vous avez encore oeufs dans le corps

deswegen müsst Ihr wieder zu Fuß heimgehen und daheim viel
pour cette raison devez vous à nouveau à pied rentrer chez vous et à la maison beaucoup

Holz sägen und nicht mehr essen, als Euch der Hunger ermahnt,
bois couper et ne plus manger comme si vous la faim rappelle

damit die Eier nicht ausschlüpfen; so könnt Ihr ein alter Mann
pour que les oeufs ne éclosent ainsi pouvez vous un vieil homme

werden"; und lächelte dazu.   Der reiche Fremdling sagte:
devenir et souriait avec Le riche étranger disait

"Herr Doktor, Ihr seid ein guter Freund, und ich versteh Euch wohl",
Monsieur [le] docteur vous êtes un bon ami et je comprends vous bien

und hat nachher den Rat befolgt und 87 Jahre, vier Monate, zehn Tage
et a après le conseil suivi et 87 ans quatre mois dix jours

gelebt, wie ein Fisch im Wasser, so gesund, und hat alle Neujahrstage
vécu comme un poisson dans la eau si en forme et a tous jours du nouvel an

dem Arzt 20 Dublonen zum Gruß geschickt.
au medecin 20 doublons pour salutation[s] envoyé

Der große Schwimmer
Le grand nageur

Vor dem leidigen Krieg, als man noch unangefochten aus Frankreich
Avant la déplaisante guerre lorsque on encore incontestablement depuis France

nach England reisen und in Dover ein Schöpplein trinken oder
vers Angleterre voyager et à Douvres une chopine boire ou

etwas kaufen konnte, ging wöchentlich zweimal ein großes
quelque chose acheter pouvait alla hebdomadairement deux fois un grand

Postschiff von Calais nach Dover durch die Meerenge und
bateau postal de Calais vers Douvres à travers le détroit et

wieder zurück. Denn dort ist das Meer zwischen beiden Ländern nur
à nouveau retour Car là est la mer entre deux pays seulement

wenige Meilen breit. Aber man musste kommen, ehe das Schiff
quelques miles large Mais on devait venir avant que le bâteau

abfuhr, wenn man mitfahren wollte.
partait si on voyager avec voulait

Dies schien ein Franzose aus Gaskonien nicht zu wissen, denn er kam
Ceci semblait un Français de Gascogne ne pas à savoir car il arriva

eine Viertelstunde zu spät, als man schon die Hühner einließ in
un quart d'heure trop tard lorsque on déjà les poules laissa entrer à

Calais, und der Himmel überzog sich mit Wolken. Soll ich jetzt ein
Calais et le ciel chargea se avec nuages Dois je maintenant une

paar Tage hier sitzen bleiben und mich langweilen, bis wieder
paire jours ici assis rester et moi ennuyer jusque à nouveau

eine Gelegenheit kommt? Nein, dachte er, ich gebe einem
une occasion arrive Non pensait il je donne à un

Schiffsmann ein Zwölf-Sous-Stücklein und fahre dem Postschiff nach.
marin une pièce de douze sous et suis 1... le bateau postal ...1

Denn ein kleines Boot fährt schneller als das schwere Postschiff und
Car un petit bateau voyage plus vite que le lourd bateau postal et

holt es wohl ein.
rattrape 1... le vraisemblablement ...1

Als er aber in dem offenen Boot saß – ("wenn ich daran gedacht
Lorsque il mais dans le ouvert bateau assis si je y pensait

hätte", sagte der Schiffsmann, " so hätte ich ein Spanntuch
avais disait le marin ainsi aurais je une toile

mitgenommen") – da fing es an zu regnen; aber wie? In kurzer Zeit
emmenée là débutait 2... il ...2 à pleuvoir mais comment Dans court temps

strömte ein Regenguss aus der hohen Nacht herab, als wenn noch ein
déversait une averse de pluie de la haute nuit de haut comme si encore une

Meer von oben mit dem Meer von unten sich vereinigen wollte. Aber
mer de en haut avec la mer de en-bas se réunir voulait Mais

der Gaskonier dachte: "Das gibt einen Spass." – "Gottlob!" sagte
le Gascon pensa Ceci donne un amusement Dieu merci disait

endlich der Schiffsmann, "ich sehe das Postschiff."
enfin le marin je vois le bateau postal

Als er nun an demselben angelegt hatte, und der Gaskonier war
Lorsque il maintenant au celui-ci accosté avait et le Gascon était

hinaufgeklettert und kam mitten in der Nacht und mitten im Meer
grimpé dessus et arriva au milieu dans la nuit et au milieu dans la mer

plötzlich durch das Türlein herein zu der Reisegesellschaft, die im
subitement à travers la petite porte dedans à la compagnie de voyageurs qui dans le

Schiff saß, wunderte sich jeder, wo er herkomme, so spät, so allein und
bateau assis s'étonnait soi chacun [d']où il venait si tard si seul et

so nass.
si mouillé

Denn in einem solchen Seeschiff sitzt man wie in einem Keller und
Car dans un tel bateau assis on comme dans une cave et

hört vor dem Gespräch von der Gesellschaft, vor dem Geschrei der
entend de la conversation de la compagnie de voyageurs de les cris des

Schiffsleute, vor dem Getöse, vor dem Rauschen der Segel und
marins de le vacarme de le grondement des voiles et

Brausen der Wellen nicht, was draußen vorgeht, und keiner dachte
mugissement des vagues rien quoi dehors se passe et personne pensa

daran, dass es regnete. "Ihr seht ja aus!", sagte einer, "als wenn Ihr
y que il pleuvait Et bien vous avez l'air disait quelqu'un comme si vous

wäret gekielholt, das heißt unter dem Schiff durchgezogen worden."
étiez passé sous la quille ceci signifie sous le bateau traversé étiez

"So? Meint Ihr", sagte der Gaskonier, "man könne trocken
Ainsi pensez vous disait le Gascon on pourrait sec

schwimmen? Wenn das noch einer erfindet, so will ich's auch lernen,
nager Si ceci encore quelqu'un invente alors veux je il aussi connaître

denn ich bin der Bote von Oleron und schwimme alle Montage mit
car je suis le messager de Oleron et nage tous [les] lundi avec

14

Briefen und Bestellungen zum Festland, weil's schneller geht. Aber
lettres et commandes vers le continent car il plus vite va Mais

jetzt hab' ich etwas in England zu tun. Wenn's erlaubt ist",
maintenant ai je quelque chose en Angleterre à faire Si il autorisé est

fuhr er fort, "so will ich nun vollends mitfahren, weil ich
continua1... il ...1 ainsi veux je maintenant complètement voyager avec car je

euch glücklicherweise angetroffen habe.
vous par chance trouvé ai

Es kann den Sternen nach nicht mehr weit sein bis Dover." –
Il peut les étoiles d'après plus beaucoup loin être jusqu'à Douvres

"Landsmann", sagte einer und stieß eine Wolke von Tabaksrauch aus
Compatriote disait l'un et expulsa un nuage de fumée de tabac de

dem Mund (es war aber kein Landsmann, sondern ein Engländer),
sa bouche il était mais pas compatriote mais un Anglais

"wenn Ihr von Calais bis hierher geschwommen seid durch das Meer,
si vous depuis Calais jusqu'à ici nagé êtes à travers la mer

so seid Ihr besser als der schwarze Schwimmer in London." – "Ich
alors êtes vous meilleur que le noir nageur à Londres Je

gehe keinem aus dem Weg", sagte der Gaskonier. – "Wollt Ihr's mit
vais personne de le chemin disait le Gascon Voulez vous il avec

ihm versuchen", erwiderte der Engländer, "wenn ich hundert
lui essayer rétorquait le Anglais si je cent

Louisdor auf Euch setze?" Der Gaskonier sagte: "Einverstanden!"
Louis d'or sur vous mise Le Gascon disait Entendu

Reiche Engländer haben den Brauch, auf Leute, die sich in einer
Riches Anglais ont la coutume sur gens qui se dans un

körperlichen Kunst hervortun, große Summen untereinander zu
corporel art mettent en avant grandes sommes entre eux à

verwetten; deswegen nahm der Engländer im Schiff den Gaskonier auf
parier pour cela prit le Anglais dans le bateau le Gascon sur

seine Kosten mit sich nach London und bewirtete ihn gut, auf dass er
ses frais avec soi jusqu'à Londres et régalait lui bien sur que il

bei guten Kräften bliebe.
en bonnes forces restait

"Mylord", sagte er in London zu einem guten Freund, "ich habe
Mylord disait il à Londres à un bon ami je ai

einen Schwimmer mitgebracht vom Meer. Gilt's hundert Guineen: er
un nageur apporté de la mer Vaut il cent guinés il

schwimmt besser als Euer Mohr?" Der gute Freund sagte: "Es gilt!"
nage mieux que votre nègre Le bon ami disait Cela vaut

15

Am nächsten Tag erschienen beide mit ihren Schwimmern auf einem
Le prochain jour apparaissaient tous deux avec leurs nageurs sur un

bestimmten Platz an dem Themse-Fluss, und viele Hundert
précis emplacement au le Tamise fleuve et nombreuses centaines

neugierige Menschen hatten sich versammelt und wetteten noch
curieuses personnes avaient se rassemblé et parièrent encore

extra, der eine auf den Mohren, der andere auf den Gaskonier, einen
en plus le un sur le nègre le autre sur le Gascon un

Schilling, sechs Schilling; eine, zwei, fünf, zehn, zwanzig Guineen,
schilling six schilling un deux cinq dix vingt guinés

und der Mohr hielt nicht viel von dem Gaskonier. Als sich aber beide
et le nègre pensait pas beaucoup de le Gascon Quand soi mais tous deux

schon ausgekleidet hatten, band sich der Gaskonier mit einem
déjà deshabillé avaient banda soi le Gascon avec un

ledernen Riemen noch ein Kistlein an den Leib und sagte nicht
cuir lacet encore une petite boîte à le corps et disait pas

warum, als wenn's so sein müsste.
pourquoi comme si il ainsi doit être

Der Mohr sagte "Warum das? Habt Ihr so etwas dem
Le nègre disait Pourquoi ça Avez vous quelque chose comme ça le

großen Springer nachgemacht, der Bleikugeln an die Füße binden
grand sauteur imité qui boules de plomb à les pieds attacher

musste, wenn er einen Hasen fangen wollte, damit er den Hasen nicht
devait lorsque il un lièvre attraper voulait pour que il le lièvre pas

übersprang?"
sauta par-dessus

Der Gaskonier öffnete das Kistlein und sagte: "Ich habe nur eine
Le Gascon ouvrit la petite boîte et disait Je ai seulement une

Flasche Wein darin, ein paar Knackwürste und einen Laib Brot. Ich
bouteille vin dedans une paire saucisses knack et une miche pain. Je

wollte Euch eben fragen, wo Ihr Euere Lebensmittel habt. Denn ich
voulais vous juste demander où vous vos aliments avez Car je

schwimme jetzt geradewegs den Themsefluss hinab in die Nordsee
nage maintenant tout droit le fleuve Tamise en-bas dans la mer du Nord

und durch den Kanal ins Atlantische Meer nach Cadiz, und wenn's
et à travers le canal dans la Atlantique mer vers Cadix et si il

nach mir geht, so kehren wir unterwegs nirgends ein, denn bis
d'après moi va ainsi arrêter 2... nous en route nulle part ...2 car jusque

Montag, den sechzehnten, muss ich wieder in Oleron sein. Aber in
lundi le seize dois je à nouveau à Oléron être Mais à

Cadiz im Rösslein will ich morgen früh ein gutes Mittagessen
Cadix au Petit Cheval veux je demain tôt un bon déjeuner

16

bestellen, dass es fertig ist, bis Ihr nachkommt."
commander que il terminé est jusque vous arriverez

Der aufgeschlossene Leser hätte kaum gedacht, dass er sich auf diese
Le ouvert lecteur aurait à peine pensé que il se de cette

Art aus der Affäre herausziehen würde. Aber der Mohr verlor Hören
manière de la affaire tirer voudrait Mais le nègre perdit entendre

und Sehen. "Mit diesem Enterich", sagte er zu seinem Herrn, "kann
et voir Avec ce canard disait il à son maître peux

ich nicht um die Wette schwimmen. Tut, was ihr wollt", und kleidete
je pas pour le pari nager Faites ce [que] vous voulez et habilla 1...

sich wieder an.
soi à nouveau ...1

Also war die Wette zu Ende, und der Gaskonier bekam von seinem
Alors était le pari à [sa] fin et le Gascon reçut de son

Engländer, der ihn mitgebracht hatte, eine ansehnliche Belohnung,
Anglais qui lui emmena avait une importante récompense

der Mohr aber wurde von jedermann ausgelacht. Denn obwohl man
le nègre mais était de tout le monde moqué Car malgré on

wohl merken musste, dass der Franzose nur   auf die Pauke gehauen
bien noter devait que le Français seulement sur la timbale taper
auf die Pauke hauen = faire quelque chose de spectaculaire pour intimider quelqu'un

hatte, so fand doch jedermann Vergnügen an dem kecken Einfall und
avait ainsi trouva donc tout le monde amusement à la effrontée idée et

an dem unerwarteten Ausgang, und er wurde nachher von allen, die
à la imprévue issue et il était après de tous qui

auf ihn gewettet hatten, noch vier Wochen lang in allen Wirtshäusern
sur lui parié avaient encore quatre semaines durant dans toutes auberges

und Bierkneipen verehrt. Und er bekannte, dass er noch nie in seinem
et bars à bière admiré Et il avoua que il encore jamais dans sa

Leben im   Wasser gewesen war.
vie dans la eau été avait

Der Zundelheiner und der Brassenheimer Müller
Le Zundelheiner et le de Brassenheim meunier

Eines Tages saß der Zundelheiner ganz betrübt in einem Wirtshaus
Un jour assis le Zundelheiner tout désolé dans une auberge

und dachte daran, wie ihn zuerst der rote Dieter und danach sein
et pensait à comment lui d'abord le rouge Dieter et après son

eigener Bruder verlassen haben, und wie   er jetzt allein ist. "Nein",
propre frère abandonné ont et comment il maintenant seul est Non

dachte er, "man kann bald keinem Menschen mehr   trauen,   und
pensait il   on   peut bientôt aucun   homme   plus faire confiance et

wenn man meint, es sei einer ehrlich, so ist er ein Spitzbub."
lorsque on   pense   il serait un   honnête alors est il un   galopin

Unterdessen kommen mehrere Gäste in das Wirtshaus und trinken
Entre-temps   viennent   plusieurs clients dans la auberge   et boivent

Neuen Wein. "Wisst Ihr auch," sagte einer, "dass der Zundelheiner
nouveau vin   Savez vous aussi   disait un   que le   Zundelheiner

 im Land ist und morgen findet   in der ganzen Gemeinde eine
dans le pays est et demain a lieu 1... dans la entière   commune   une

Treibjagd statt, um ihn wieder einzufangen, und der Amtmann und
battue   ...1 pour lui à nouveau attraper   et le   fonctionnaire et

die Schreiber stehen auf dem Anstand!" Als das der Zundelheiner
le secrétaire   sont   sur le   principe Lorsque ceci le Zundelheiner

hörte, wurde es ihm grün und gelb vor den Augen, denn er dachte, es
entendit devenait il lui vert et jaune devant les yeux   car il pensait il

kenne ihn jemand, und   jetzt   wäre er verraten.
connait lui quelqu'un et maintenant serait il trahit

Ein anderer aber sagte: "Es ist wieder einmal ein blinder Alarm. Sitzt
Un   autre   mais disait   Il est à nouveau une fois une aveugle alarme Assis

nicht der Zundelheiner und sein Bruder in Wollenstein im
pas   le   Zundelheiner   et son frère à Wollenstein en

Gefängnis ? »
prison

Unterdessen kommt auf einem wohlgenährten Schimmel der
Entre-temps   vient   sur un   bien nourri   cheval blanc le

Brassenheimer Müller mit roten Backen und kleinen, freundlichen
de Brassenheim   meunier avec rouges joues   et   petits   amicaux

Augen dahergeritten. Und als er in die Stube kam, und hörte, dass sie
yeux chevauché jusqu'ici Et lorsque il dans la pièce venait et entendait que ils

von dem Zundelheiner sprechen, sagt er: "Ich hab' schon so viel von
de le Zundelheiner   parlent   dit il Je ai   déjà si beaucoup de

dem Zundelheiner erzählen gehört. Ich möcht' ihn doch auch einmal
le   Zundelheiner   raconté entendu Je voudrais lui cependant aussi une fois

sehen." Da sagte ein anderer: "Nehmt Euch in Acht, dass Ihr ihn
voir   Là disait un autre   Prenez vous en garde que vous lui

nicht zu früh zu sehen bekommt! Es geht   die Rede um, er sei wieder
pas   trop tôt à voir   recevez Il circule1... la parole ...1 il serait à nouveau

im Land." Aber der Müller sagte: "Pah! Ich komm' noch bei guter
au pays Mais le meunier disait Bah Je vais   encore par bon

  Tageszeit   durch den Fridstädter Wald, dann bin ich auf der
moment de la journée à travers la de Fridstadt forêt alors suis je sur la

18

Landstrasse; und wenn ich mich verspäte, geb' ich dem Schimmel die
grande-route et si je me retarde donne je le cheval blanc les

Sporen."
éperons

Als das der Zundelheiner hörte, fragte er die Wirtin: "Was bin ich
Lorsque ceci le Zundelheiner entendait demandait il la aubergiste Quoi suis je

schuldig?", und geht fort in den Fridstädter Wald.
redevable et repart dans la de Fridstadt forêt

Unterwegs begegnet ihm ein lahmer Mensch.
En chemin rencontre lui une paralysée personne

"Gebt mir für einen Batzen Eure Krücke", sagte er zu dem lahmen
Donnez moi pour un magot votre béquille disait il à le paralysé

Bettler. "Ich habe mir den linken Fuß verstaucht, dass ich laut
mendiant Je ai moi le gauche pied foulé que je bruyamment

schreien möchte, wenn ich drauf treten muss. Im nächsten Dorf
crier voudrait lorsque je dessus appuyer dois Dans le prochain village

macht Euch der Wagner eine neue." Also gab ihm der
fait vous le constructeur de chariots une nouvelle Alors donna lui le

Bettler die Krücke.
mendiant la béquille

Bald darauf gehen zwei betrunkene Soldaten an ihm vorbei und
Bientôt dessus vont deux ivres soldats à lui passé et

singen das Reiterlied. Wie er in den Fridstädter Wald kommt, hängt
chantent la chanson du cavalier Lorsque il dans la de Fridstadt forêt arrive accroche

er die Krücke an einen hohen Ast, setzt sich ungefähr sechs Schritte
il la béquille sur une haute branche assis soi environ six pas

davon weg an die Strasse und zieht das linke Bein zusammen, als
éloigné à la route et tire la gauche jambe ensemble comme

wenn er lahm wäre. Kurz darauf kommt auf stattlichem Schimmel der
si il paralysé serait Peu après vient sur magnifique cheval blanc le

Müller daher und macht ein Gesicht, als wenn er sagen wollte: "Bin
meunier de là et fait un visage comme si il dire voulait Suis

ich nicht der reiche Müller, und bin ich nicht der schöne Müller, und
je pas le riche meunier et suis je pas le beau meunier et

bin ich nicht der witzige Müller?"
suis je pas le drôle meunier

Als aber der witzige Müller zu dem Zundelheiner kam, sagte der
Mais lorsque le drôle meunier à le Zundelheiner arriva disait le

Zundelheiner mit kläglicher Stimme: "Wolltet Ihr nicht ein Werk der
Zundelheiner avec piteuse voix Vouliez vous pas une oeuvre de

Barmherzigkeit tun an einem armen, lahmen Mann? Zwei betrunkene
bienfaisance faire à un pauvre paralysé homme Deux ivres

19

Soldaten, sie sind Euch wohl   begegnet, haben mir all mein
soldats   ils sont vous probablement rencontré   ont   moi tout mon

Almosengeld abgenommen und haben mir aus Bosheit, dass es so
argent d'aumônes   prit   et   ont   moi par méchanceté que il si

wenig war, die Krücke auf jenen Baum geschleudert, und ist an den
peu   était la béquille sur cet   arbre   projeté   et est à les

Ästen hängen geblieben, dass ich nun nicht mehr weiter kann. Wolltet
branches accroché   resté   que je maintenant ne plus continuer peux Voulez

Ihr nicht so gut sein und sie mit Eurer Peitsche herunter streifen?"
vous ne si bon être et elle avec votre   fouet   descendre effleurer

Der Müller sagte: "Ja, sie sind mir begegnet an der Waldspitze. Sie
Le meunier disait Oui ils sont moi croisé à la pointe de la forêt Ils

haben gesungen: So herzig, wie meine Liesel ist halt nichts auf der
ont   chanté Si mignon comme ma Liesel est bien rien sur la

Welt!" Weil aber der Müller auf einem schmalen Steg über einen
terre Car mais le meunier sur un   étroit sentier sur un

Graben zu dem Baum musste, so stieg   er von dem Ross ab, um
fossé à le arbre devait ainsi descendit 1... il de le cheval ...1 pour

dem armen Teufel die Krücke herunter zu holen.
le pauvre diable la béquille descendre à chercher

Als er aber an dem Baum war, und schaut hinauf, schwingt sich der
Lorsque il mais à le arbre était et regarde en-haut pivote soi le

Zundelheiner schnell wie ein Adler auf den stattlichen Schimmel, gibt
Zundelheiner   rapidement comme un aigle sur le magnifique cheval blanc donne

ihm mit dem Absatz die Sporen und reitet davon. "Lasst Euch das
lui avec le talon les éperons et chevauche de là Laissez vous la

Gehen nicht verdrießen," rief er dem Müller zurück, "und wenn Ihr
marche pas chagriner cria il le meunier retour et lorsque vous

heimkommt, so   richtet   Eurer Frau einen Gruß aus von dem
rentrez ainsi transmettez 2... votre femme une salutation ...2 de le

Zundelheiner!"
Zundelheiner

So etwas   muss man selber sehen, wenn man's glauben soll!
Quelque chose comme ça doit on soi-même voir si on y croire doit

Als er aber eine Viertelstunde nach Betzeit   nach Brassenheim und
Lorsque il mais un quart d'heure après temps de prière vers Brassenheim et

an die Mühle kam und alle Räder klapperten, so dass ihn niemand
à le moulin arrivait et toutes roues claquaient pour que lui personne

hörte,   stieg   er vor der Mühle ab, band   den Schimmel an der
entendrait descendit 1... il devant le moulin ...1 noua 2... le cheval blanc à la

20

Haustüre an und setzte   seinen Weg   zu Fuß fort.
porte d'entrée ...2 et   poursuivi 3... son   chemin   à   pied   ...3

Der listige Quäker
Le   rusé   Quaker

Die Quäker sind eine Sekte, zum Beispiel in England, fromme,
Les   Quakers sont   une   secte   par   exemple en   Angleterre   pieux

friedliche und verständige Leute, und dürfen vieles nicht tun nach
pacifiques   et   sensées   personnes et   peuvent beaucoup ne pas   faire d'après

ihren Gesetzen: Nicht schwören, nicht das Gewehr tragen,   vor
leurs   lois   Ne pas   jurer   ne pas   le   fusil   porter   devant

niemandem den Hut abziehen, aber reiten   dürfen sie, wenn sie
personne   le   chapeau enlever   mais   chevaucher peuvent ils   si   ils

Pferde haben.
chevaux possèdent

Als einer von ihnen einmal abends auf einem schönen, stattlichen
Lorsque un   de   eux   une fois   le soir   sur   un   beau   magnifique

Pferd nach Hause in die Stadt reiten wollte, wartet auf ihn ein Räuber
cheval   vers   maison dans la   ville   chevaucher voulait   attend   sur   lui   un   voleur

mit schwarzem Gesicht, ebenfalls auf einem Ross, dem man alle
avec   noir   visage   également   sur   un   cheval   que   on   toutes

Rippen unter der Haut, alle Knochen, alle Gelenke zählen konnte,
côtes   sous   la   peau   tous   os   toutes articulations compter   pouvait

nur   nicht die Zähne, denn sie waren alle ausgebissen, nicht
seulement pas   les   dents   car   elles   étaient toutes   cassées   pas

vom Hafer, sondern vom Stroh.
de la   avoine   mais   de la   paille

"Kind Gottes", sagte der Räuber, "ich möchte meinem armen Tier
Enfant [de] Dieu   disait   le   voleur   je   voudrais   mon   pauvre animal

da, das sich noch dunkel   an den Auszug der Kinder Israels aus
là   qui   se   encore sombrement à   la   sortie   des   enfants de Israël de

Ägypten erinnern kann, wohl auch ein so gutes Futter gönnen, wie
Egypte   rappeler   peut   sûrement aussi un   si   bon   fourrage offrir   comme

das Eure offenbar genossen hat. Wenn's Euch recht ist, so wollen wir
le   vôtre   manifestement régalé   a   Si   il   vous opportun est   alors voulons nous

tauschen. Ihr habt doch keine geladene Pistole bei Euch, aber ich."
échanger   Vous avez   mais   pas de   chargé   pistolet   avec vous   mais   moi

Der Quäker dachte bei sich selbst: "Was ist zu tun? Wenn alle Stricke
Le   Quaker   pensait   chez   soi-même   Quoi est   à   faire   Si   toutes cordes

Wenn alle Stricke reissen = dans le pire des cas

reißen, so hab' ich zu Hause noch ein zweites Pferd, aber kein zweites
cassent alors ai je à la maison encore un deuxième cheval mais pas deuxième

Leben."
vie

Also tauschten sie miteinander, und der Räuber ritt auf dem Ross des
Alors échangaient ils ensemble et le voleur chevaucha sur le cheval du

Quäkers nach Hause, aber der Quäker führte das arme Tier des
Quaker vers la maison mais le Quaker conduisait le pauvre animal du

Räubers am Zaum. Als er aber zur Stadt und an die ersten Häuser
voleur à la bride Lorsque il mais à la ville et à les premières maisons

kam, legte er ihm den Zaum auf den Rücken und sagte: "Geh' voraus,
arriva posa il lui la bride sur le dos et disait Va en avance

Lazarus; du wirst den Stall deines Herrn besser finden als ich." Und
[prénom] tu vas la étable de ton maître mieux trouver que moi Et

so ließ er das Pferd vorausgehen und folgte ihm von einer Gasse zur
ainsi laissait il le cheval aller en avance et suivait lui de une ruelle à

andern, bis es vor einer Stalltüre stehen blieb. Als es stehen blieb und
l'autre jusque il devant une porte d'étable arrêté resta Lorsque il arrêté resta et

nicht mehr weiter wollte, ging er in das Haus und in die Stube, und
ne plus loin voulait alla il dans la maison et dans la pièce et

der Räuber wischte gerade den Ruß aus dem Gesicht, mit dem er es
le voleur essuyait juste la suie de le visage avec laquelle il le

geschwärzt hatte; mit einem wollenen Strumpf.
noircit avait avec un laineux bas

"Seid Ihr gut nach Hause gekommen?" sagte der Quäker. "Wenn's
Etes vous bien vers maison arrivé demandait le Quaker Si il

Euch recht ist, dann wollen wir jetzt unseren Tausch wieder
vous opportun est alors voulons nous maintenant notre échange à nouveau

rückgängig machen, er ist ohnehin nicht gerichtlich bestätigt. Gebt
annuler il est de toutes façons pas juridiquement confirmé Donnez

mir mein Rösslein wieder, das Eure steht vor der Tür."
moi mon petit cheval de nouveau le vôtre est devant la porte

Als sich nun der Spitzbube entdeckt sah, gab er dem Quäker sein
Lorsque soi maintenant le galopin découvert vu donna il à le Quaker son

gutes Pferd zurück. "Seid so gut", sagte der Quäker, "und gebt mir
bon cheval de retour Soyez si bon disait le Quaker et donnez moi

jetzt auch noch zwei Taler Rittlohn; ich und Euer Rösslein sind
maintenant aussi encore deux louis salaire cavalier je et votre petit cheval sommes

miteinander zu Fuß spaziert." Also musste der Spitzbube ihm auch
ensemble à pied promené Ainsi devait le galopin lui aussi

noch die zwei Taler Rittlohn zahlen. "Nicht wahr, das Tierlein läuft
encore les deux   louis salaire cavalier payer   Pas   vrai   le petit animal marche

einen sanften Trab?" sagte der Quäker.
un   paisible trot   disait le   Quaker

Der schlaue Soldat
Le intelligent soldat

Ein Soldat im letzten Krieg wusste wohl, dass der Bauer, dem er
Un soldat dans la dernière guerre savait bien   que le paysan qui   il

   jetzt   auf der Strasse entgegenging, 100 Gulden für geliefertes Heu
maintenant sur la route   venait en face   100 florins pour livré   foin

eingenommen hatte und heim tragen wollte. Deswegen bat er ihn um
  rentré   avait   et à la maison porter voulait A cause de celà pria il lui pour

ein kleines Geschenk, um Tabak und Branntwein zu kaufen. Wer
un petit   cadeau   pour tabac et   eau-de-vie à acheter Qui

weiß, ob er mit ein paar Batzen nicht zufrieden gewesen wäre. Aber
sait si il avec une paire magot   pas   content   été   aurait Mais

der Landmann versicherte und beteuerte bei Himmel und Hölle, dass
le   paysan   assurait   et   protestait par ciel   et enfer que

er den eigenen letzten Kreuzer ausgegeben und nichts mehr übrig
il le sien   dernier Kreuzer dépensé   et   rien plus restant

habe.
avait

"Wenn's nur nicht so weit von meinem Quartier wäre", sagte hierauf
  Si il seulement pas si loin de   mon   logis serait disait là-dessus

der Soldat, "so wäre uns beiden zu helfen; aber wenn du nichts hast,
le soldat alors serait nous deux à aider   mais si tu rien as

und ich hab' nichts, so müssen wir den Gang zum heiligen Alfonsus
et moi ai rien alors devons nous la marche vers le saint Alphonse

   wohl machen. Was er uns heute beschert, wollen wir brüderlich
sûrement faire Ce que il nous aujourd'hui offre   voulons nous fraternellement

teilen."
partager

 Dieser Alfonsus stand   in   Stein ausgehauen in einer alten, wenig
  Cet   Alphonse était debout dans pierre taillé   dans une vieille peu

besuchten Kapelle am Feldweg. Der Landmann hatte anfangs keine
fréquentée chapelle au chemin de terre Le paysan   avait au début aucune

große Lust zu dieser Wallfahrt. Aber der Soldat versicherte unterwegs
grande envie à ce   pélerinage Mais le soldat assura   en chemin

seinem Begleiter so nachdrücklich, der heilige Alfonsus habe ihn noch
son accompagnateur si formellement le saint Alphonse aurait lui encore

23

in keiner Not stecken lassen, dass dieser selbst anfing, Hoffnung zu
dans aucun péril coincé laissé que celui-ci soi-même commença espoir à

gewinnen. Vermutlich war in der abgelegenen Kapelle ein Kamerad
gagner Probablement était dans la isolée chapelle un camarade

und Helfershelfer des Soldaten verborgen?
et acolyte du soldat caché

Ganz und gar nicht! Es war wirklich das steinerne Bild des Alfonsus,
Entier et pas du tout Il était vraiment la en pierre image du Alphonse
Ganz und gar nicht = absolument pas

vor welchem sie jetzt niederknieten, während der Soldat andächtig zu
devant laquelle ils maintenant s'agenouillaient pendant que le soldat recueilli à

beten schien. "Jetzt", sagte er seinem Begleiter ins Ohr, "jetzt
prier semblait Maintenant disait il à son accompagnateur dans la oreille maintenant

hat mir der Heilige gewunken."
a moi le saint fait signe

Er stand auf, ging   zu ihm hin, hielt die Ohren an die steinernen
Il se leva alla 1... vers lui ...1 tenait les oreilles à les en pierre

Lippen und kam   gar freudig wieder zu seinem Begleiter zurück.
lèvres et revenait 2... tout joyeusement à nouveau vers son accompagnateur ...2

"Einen Gulden hat er mir geschenkt; in meiner Tasche müsse er
Un florin a il moi offert dans ma poche devrait il

schon stecken." Er zog   auch wirklich zum Erstaunen des Bauern
déjà coincer Il tira 3... aussi vraiment à le étonnement du paysan

einen Gulden heraus, den er aber schon vorher bei sich hatte, und
un florin ...3 que il mais déjà avant avec soi avait et

teilte ihn, wie versprochen, brüderlich zur Hälfte.
partagea le comme promis fraternellement à la moitié

Das leuchtete dem Bauern ein, und es war ihm ganz   recht, dass der
Cela éclaircissait 4... le paysan ...4 et il était lui complètement juste que le

Soldat die Probe noch einmal machte. Alles ging das zweite Mal wie
soldat le essai encore une fois faisait Tout alla la deuxième fois comme

zuerst.   Nur   kam der Soldat diesmal viel   freudiger von dem
en premier Seulement venait le soldat cette fois beaucoup plus joyeusement de le

Heiligen zurück. "Hundert Gulden hat uns jetzt der gute Alfonsus
saint retour Cent florins a nous maintenant le bon Alphonse

geschenkt. In deiner Tasche müssen sie stecken."
offert Dans ta poche doivent ils coincer

Der arme Bauer wurde totenblass, als er dies hörte, und wiederholte
Le pauvre paysan devint blanc comme un mort lorsque il ceci entendait et redisait

seine Versicherung, dass er gewiss keinen Kreuzer habe. Jedoch, der
son assurance que il certainement aucune pièce avait Néanmoins le

Soldat redete ihm zu, er sollte doch nur Vertrauen zu dem heiligen
soldat sermonnait 1... lui ...1 il devait cependant seulement confiance à le saint

Alfonsus haben und nachsehen. Alfonsus habe ihn noch nie
Alphonse avoir et regarder Alphonse aurait lui encore jamais

enttäuscht.
déçu

Wohl oder übel musste er seine Taschen umstülpen und leer machen.
Bon ou mauvais devait il ses poches retourner et vide faire
wohl oder übel = bon gré mal gré

Die hundert Gulden kamen richtig zum Vorschein, und – hatte er
Les cent florins venaient vraiment à apparaître et avait il

vorher dem schlauen Soldaten die Hälfte von seinem Gulden
avant le intelligent soldat la moitié de son florin

abgenommen – so musste er jetzt auch seine hundert Gulden mit ihm
ponctionné alors devait il maintenant aussi ses cent florins avec lui

teilen, da half kein Bitten und kein Flehen. Das war fein und listig,
partager là aida pas de prière et pas de supplication Cela était fin et rusé

aber eben doch nicht recht, zumal in einer Kapelle.
mais maintenant néanmoins pas juste surtout dans une chapelle

Der sicherste Weg
Le plus sûr chemin

Manchmal hat selbst ein Betrunkener noch eine Überlegung oder
Parfois a même un ivre encore une réflexion ou

doch einen guten Einfall, wie einer, der auf dem Heimweg aus der
encore une bonne idée comme un qui sur le chemin à la maison de la

Stadt nicht auf dem gewöhnlichen Pfad, sondern gerade in dem
ville pas sur le habituel sentier mais tout droit dans la

Wasser ging, das dicht neben dem Pfad läuft.
eau alla qui tout près à côté du sentier court

Ihm begegnete ein menschenfreundlicher Herr, der gerne den
Lui croisait un philanthrope monsieur qui avec plaisir les

Notleidenden und Betrunkenen hilft, und wollte ihm die Hand
personnes dans le besoin et ivres aide et voulait lui la main

reichen. "Guter Freund", sagte er, "merkt Ihr nicht, dass Ihr im
tendre Bon ami disait il remarquez vous pas que vous dans la

Wasser geht? Hier ist der Fußweg!"
eau marchez Ici est le sentier pédestre

Der Betrunkene erwiderte: Sonst fände er's auch bequemer, auf dem
Le ivre rétorquait Ordinairement trouvait il le aussi plus confortable sur le

trockenen Pfad zu gehen, aber diesmal gehe er ein bisschen mehr
sec sentier à marcher mais cette fois marcherait il un peu plus

seitlich. "Eben deswegen", sagte der Herr, "will ich Euch aus dem
de côté   Juste   pour cela   disait le monsieur veux je vous de ' le

Bache heraushelfen!" "Eben deswegen", erwiderte der Betrunkene,
ruisseau aider à sortir   Juste   pour cela   rétorquait le   ivre

"bleib' ich drin. Denn wenn ich im Bach gehe und falle, so falle ich
reste   je dedans Car si   je dans ruisseau marche et tombe alors tombe je

auf den Weg. Wenn ich aber auf dem Weg falle, so falle ich in den
sur le chemin Si je mais sur le chemin tombe alors tombe je dans le

Bach." So sagte er und klopfte mit dem Zeigefinger auf die Stirn,
ruisseau Ainsi disait il et toquait avec le   index   sur le front

nämlich, dass darin außer dem Rausch auch noch   etwas   mehr sei.
à savoir que dedans à part la ivresse aussi encore quelque chose plus était

Der silberne Löffel
La   argentée cuillère

In Wien dachte ein Offizier: Ich will doch   auch einmal im Roten
A Vienne pensait un officier Je veux quand même aussi une fois au Rouge

Ochsen   zu Mittag essen, und geht in den Roten Ochsen. Da waren
Bœuf [Restaurant] à midi manger et va dans le Rouge Bœuf Là étaient

bekannte und unbekannte Menschen, Vornehme und Mittelmäßige,
connus   et   inconnus   gens   distinguées et   médiocres

ehrliche Leute und Spitzbuben, wie überall. Man aß und trank, der
honnêtes personnes et galopins comme partout On mangea et buva le

eine viel, der andere wenig. Man sprach und erzählte von diesem und
un beaucoup le autre peu On parla et raconta de ceci et

jenem, zum Beispiel von dem Franzosen, der mit dem großen Wolf
cela par exemple de ce Français qui avec le grand loup

gekämpft hat.
lutté   a

Als   nun   das Essen fast vorbei war, einer und der andere trank
Quand maintenant le repas presque fini était le un et le autre buva

noch eine halbe Maß Bier, ein anderer drehte Kügelchen aus weichem
encore une demi chope bière un autre tournait petites billes de tendre

Brot, als wenn er ein Apotheker wär' und wollte Pillen machen, ein
pain comme si il un pharmacien était et voulait pillules faire un

dritter spielte mit dem Messer oder mit der Gabel oder mit dem
troisième jouait avec le couteau ou avec la fourchette ou avec la

silbernen Löffel.
argentée cuillère

Da sah   der Offizier zufällig zu, wie einer in einer grünen Jacke mit
Là regarda 1... le officier par hasard ...1 comme un dans une verte veste avec

26

dem silbernen Löffel spielte, und wie ihm der Löffel plötzlich in den
la argentée cuillère jouait et comment lui la cuillère subitement dans la

Ärmel hineinschlüpfte und nicht wieder herauskam. Ein anderer hätte
manche enfilait et plus de nouveau ressortait Un autre aurait

gedacht: was geht es mich an? und wäre still gewesen oder hätte
pensé quoi regarde 2... il moi ...2 et serait silencieux été ou aurait

großen Lärm angefangen. Der Offizier dachte: Ich weiß nicht, wer der
grand bruit commencé Le officier pensait Je sais pas qui le

grüne Löffeldieb ist, und was es für einen Verdruss geben kann, und
vert voleur de cuillère est et quoi il pour un déboire donner peut et

war mäuschenstill, bis der Wirt kam und das Geld einzog.
était silencieux comme une souris jusqu'à le aubergiste venait et le argent préleva

Als der Wirt kam und das Geld einzog, nahm der Offizier auch einen
Lorsque le aubergiste venait et le argent préleva prit le officier aussi une

silbernen Löffel und steckte ihn in ein Knopfloch in der Jacke, wie es
argentée cuillère et enfonça elle dans une boutonnière dans la veste comme il

manchmal die Soldaten im Krieg machen, wenn sie den Löffel
parfois les soldats en guerre faisaient lorsque ils la cuillère

mitbringen, aber keine Suppe. Während der Offizier seine Zeche
apportent mais pas de soupe Pendant le officier son addition

bezahlte, und der Wirt schaute ihm auf die Jacke, dachte er: Das ist
payait et le aubergiste regardait lui sur la veste pensait il Ceci est

ein seltsamer Verdienstorden, den der Herr da hängen hat. Der muss
une singulière décoration pour service rendu que le monsieur là accroché a Il doit

sich im Kampf mit einer Krebssuppe hervorgetan haben, dass er als
soi au combat avec une soupe de crabes apparaître avoir que il comme

Ehrenzeichen einen silbernen Löffel bekommen hat; oder ist's
distinction une argentée cuillère reçue a ou est il

gar einer von meinen eigenen?
entièrement une de mes propres

Als aber der Offizier dem Wirt die Zeche bezahlt hatte, sagte er mit
Lorsque mais le officier [a] le aubergiste la addition payée avait disait il avec

ernsthafter Miene: „Und den Löffel bekomme ich ja dazu. Nicht
sérieuse mine Et la cuillère reçois je bien avec N'est-ce

wahr? Die Zeche ist ja teuer genug." Der Wirt sagte: „So etwas
pas La addition est bien chère assez Le aubergiste disait Quelque chose comme ça

ist mir noch nicht vorgekommen. Wenn Ihr keinen Löffel daheim
est moi encore pas arrivé Si vous pas de cuillère à la maison

habt, dann will ich Euch einen Blechlöffel schenken, aber meinen
avez alors veux je vous une cuillère en fer-blanc offrir mais ma

silbernen lasst Ihr mir da." Da stand der Offizier auf, klopfte dem
argentée laissez vous moi ici Alors se leva 1... le officier ...1 toquait le

Wirt auf die Schulter und lächelte. „Wir haben nur Spaß gemacht",
aubergiste sur la épaule et souriait Nous avons seulement blague fait

sagte er, „ich und der Herr dort in der grünen Jacke. Gebt Ihr Euren
disait il moi et le monsieur là dans la verte veste Donnez vous votre

Löffel wieder aus dem Ärmel heraus, grüner Herr, dann will ich
cuillère à nouveau de la manche dehors vert monsieur alors veux je

meinen auch wieder hergeben."
la mienne aussi à nouveau redonner

Als der Löffeldieb merkte, dass er verraten war, und dass ein ehrliches
Lorsque le voleur de cuillère remarqua que il démasqué était et que un honnête

Auge auf seine unehrliche Hand gesehen hatte, dachte er: Lieber Spaß
oeil sur sa malhonnête main regardé avait pensait il Plutôt blague

als Ernst, und gab seinen Löffel ebenfalls her. Also kam der Wirt
que sérieux et redonna 2... sa cuillère également ...2 Ainsi venait le aubergiste

wieder zu seinem Eigentum, und der Löffeldieb lachte auch – aber
de nouveau à sa propriété et le voleur de cuillère rigolait aussi mais

nicht lange!
pas longtemps

Denn als die anderen Gäste das sahen, jagten sie den verratenen Dieb
Car lorsque les autres clients ceci virent chassèrent ils le trahi voleur

mit Schimpf und Schande und ein paar Tritten zur Türe hinaus, und
avec insultes et honte et une paire coups de pieds par porte dehors et

der Wirt schickte ihm den Hausknecht mit einer Hand voll Asche
le aubergiste envoya lui le valet de maison avec une main pleine cendre

hinterher. Den redlichen Offizier aber bewirtete er noch mit einer
par derrière Le honnête officier mais régalait il encore avec une

Flasche Wein auf das Wohl aller ehrlichen Leute. Merke: Das Recht
bouteille vin sur la santé [de] tous honnêtes gens Prenez note La justice

findet seinen Knecht.
trouve son valet

Der unschuldig Gehenkte
Le innocent pendu

Folgende unglückliche Begebenheit hat sich im Schwarzwald
Suivante malheureuse aventure a se en Forêt Noire

zugetragen. Mehrere Buben hüteten miteinander unten am Wald das
passée Plusieurs garçons gardèrent ensemble en-bas à la forêt le

Vieh ihrer Eltern. In der Langeweile trieben sie allerlei und ahmten,
bétail de leurs parents Dans le ennui firent ils de tout et imitèrent 1...

wie man in diesem Alter zu tun pflegt, im Spiel die erwachsenen
comment on dans cet âge à faire prendre dans [le] jeu les adultes

Menschen nach.
personnes ...1

28

Eines Tages sagte der eine von ihnen: „Ich will der Dieb sein." –
Un jour disait le un de eux Je veux le voleur être

„Dann will ich der Kommissar sein", sagte der zweite. „Seid ihr die
Alors veux je le commissaire être disait le second Etes vous les

Polizisten", sagte er zum dritten und vierten, „und du bist der
policiers disait il à le troisième et quatrième et toi es le

Henker", sprach er zum fünften. Gut! Der Dieb stiehlt einem
bourreau disait il à le cinquième Bien Le voleur vole un

Kameraden heimlich ein Messer und flieht; der Bestohlene klagt beim
camarade en secret un couteau et s'enfuit le volé se plaint chez le

Kommissar; die Polizisten streifen im Revier, fangen den Dieb in
commissaire les policiers rôdent dans le territoire attrapent le voleur dans

einem hohlen Baum und liefern ihn ein. Der Richter verurteilt ihn
un creux arbre et incarcèrent 1... lui ...1 Le juge condamne lui

zum Tode.
à mort

Unterdessen hört man im Wald einen Schuss fallen, und Hundegebell.
Dans l'intervalle entend on dans la forêt un coup de feu tomber et aboiements de chiens

Man achtet nicht darauf. Der Henker wirft dem Übeltäter kurz einen
On veille pas y Le bourreau lance à le criminel brièvement une

Strick um den Hals und bindet ihn im Unverstand und Leichtsinn an
corde au le cou et attache lui dans la inconscience et insouciance à

einen Ast, so, dass er mit den Füßen die Erde nicht berührt; denkt,
une branche ainsi que il avec les pieds la terre pas touche pense

einen Augenblick kann er's schon aushalten.
un instant peut il le déjà supporter

Plötzlich rauscht es im dürren Laub im Wald; es knackt und kracht im
Soudain bruisse il dans le sec feuillage dans la forêt il claque et craque dans le

dichten Gehölz; ein schwarzer, wilder Eber bricht zottig und blitzend
touffu bosquet un noir sauvage sanglier extrait poilu et brillant

aus dem Wald hervor und läuft über den Richtplatz. Die Hirtenbuben,
de la forêt dehors et court sur la place de jugement Les garçons bergers

denen es ohnehin halb zumute war, als ob es doch nicht ganz recht
que il de toutes façons à moitié d'humeur était comme si il encore pas entier juste

wäre, erschrecken, und meinen, es wäre der Teufel, und laufen vor
serait s'effrayèrent et pensaient il serait le diable et courent 1... de

Angst davon. Einer von ihnen läuft ins Dorf und erzählt, was
peur ...1 Un de eux court au village et raconte quoi

geschehen ist. Aber als man kam, um den Gehenkten abzulösen, war
arrivé est Mais lorsque on arriva pour le pendu libérer était

er erstickt und tot.
il étouffé et mort

Dies ist eine Warnung. Der Kommissar und die Polizisten kamen für
Ceci est un avertissement Le commissaire et les policiers arrivèrent pour

drei Wochen ins Gefängnis, und der Henker für sechs. Dass der Eber
trois semaines en prison et le bourreau pour six Que le sanglier

der Teufel war, hat sich nicht bestätigt. Denn er wurde von den
le diable était a se pas confirmé Car il devint de les

nacheilenden Jägern erlegt; der Teufel aber ist noch am Leben.
suivants chasseurs tué le diable mais est encore en vie

Der Wasserträger
Le porteur d'eau

In Paris holt man das Wasser nicht aus dem Brunnen. Man schöpft
A Paris cherche on la eau pas de le puits On puise

das Wasser in dem Fluss, der hindurch fließt, und hat Wasserträger,
la eau dans la rivière qui à travers coule et a porteurs d'eau

arme Leute, die jahraus, jahrein das Wasser in die Häuser bringen und
pauvres gens qui année après année la eau dans les maisons apportent et

davon leben. Denn man müsste viele Brunnen graben für eine halbe
de ça vivent Car on devrait beaucoup puits creuser pour une moitié

Million Menschen in einer Stadt, ohne das unvernünftige Vieh. Auch
million personnes dans une ville sans le déraisonnable bétail Aussi

hat das Erdreich dort kein trinkbares Wasser; auch deshalb gräbt man
a la terre là-bas pas de potable eau aussi c'est pourquoi creuse on

keine Brunnen.
pas de puits

Zwei solche Wasserträger verdienten ihr Stück Brot und tranken am
Deux pareils porteurs d'eau gagnent leur morceau pain et buvèrent à le

Sonntag ihren Wein miteinander, viele Jahre lang; auch legten
dimanche leur vin ensemble nombreuses années longues aussi mirent de côté 1...

sie immer ein wenig von dem Verdienst zurück und setzten es in der
ils toujours un peu de le gain ...1 et misaient il dans la

Lotterie. Wer sein Geld in die Lotterie trägt, trägt' s in den Rhein.
loterie Qui son argent dans la loterie apporte apporte il dans le Rhin

Weg ist's! Aber manchmal lässt das Glück einen unter vielen
Parti est il Mais quelques fois laisse la chance l'un sous nombreux

Tausenden etwas Nennenswertes gewinnen und man trompetet dazu,
milliers quelque chose considérable gagner et on barrit avec

damit die anderen Dummen wieder gelockt werden.
pour que les autres stupides à nouveau attirés seront

Also ließ es auch unsere zwei Wasserträger auf einmal gewinnen, mehr
Ainsi laissait il aussi nos deux porteurs d'eau sur une fois gagner plus

als 100 000 Livres. Einer von ihnen, als er seinen Anteil heimgetragen
que 100 000 Livres L'un de eux lorsque il sa part porté à la maison

hatte, dachte nach: Wie kann ich mein Geld sicher anlegen? Wie viel
avait songeait Comment peux je mon argent sûr investir Combien

darf ich pro Jahr verzehren, damit ich von Jahr zu Jahr reicher werde,
peux je par an consommer pour que je de année à année plus riche deviens

bis ich's nicht mehr zählen kann? Und wie ihn seine Überlegung
jusqu'à je le ne plus compter peux Et comment il son raisonnement

ermahnte, so tat er, und jetzt ist er ein steinreicher Mann, und ein
rappela à l'ordre ainsi fit il et maintenant est il un richissime homme et un

guter Freund von mir kennt ihn.
bon ami de moi connaît le

Der andere sagte: „Gut will ich mir's auch gehen lassen für mein Geld,
Le autre disait Bien veux je moi il aussi aller laisser pour mon argent

aber meine Kunden geb' ich nicht auf, dies wäre unklug". Stattdessen
mais mes clients abandonne 1... je pas ...1 ceci serait imprudent A la place

nahm er für ein Vierteljahr einen Helfer an, der so lange sein Geschäft
accepta 2... il pour un trimestre un aide ...2 qui aussi longtemps son affaire

verrichten musste, wie er reich war. Denn er sagte: „In einem
executer devait comme il riche était Car il disait Dans un

Vierteljahr bin ich fertig."
trimestre suis je fini

Also kleidet er sich jetzt in die vornehmste Seide, jeden Tag ein neuer
Ainsi habillait il soi maintenant dans la plus distinguée soie chaque jour un nouveau

Anzug, eine andere Farbe, einer schöner als der andere, ließ sich alle
costume une autre couleur l'un plus beau que le autre laissait soi tous

Tage frisieren, sieben Locken übereinander, mietete für ein
jours coiffer sept boucles les unes sur les autres louait pour un

Vierteljahr ein prächtiges Haus, ließ alle Tage zwei Schweine
trimestre une splendide maison laissait tous jours deux cochons

schlachten, für sich und seine guten Freunde, die er zum Essen
abattre pour soi et ses bons amis qui il pour manger

einlud, und für die Musikanten. Vom Keller bis in das Speisezimmer
invita et pour les musiciens Depuis cave jusque dans la salle à manger

standen zwei Reihen Hausangestellte und reichten einander die
se tenaient deux rangées domestiques et tendaient les uns les autres les

Flaschen, wie man die Löscheimer reicht bei einem Brand, in der
bouteilles comme on les seaux de pompier tend lors un incendie dans la

einen Reihe die leeren Flaschen, in der anderen die vollen.
une rangée les vides bouteilles dans la autre les pleines

Den Boden von Paris betrat er nicht mehr, sondern, wenn er ins
Le sol de Paris toucha il ne plus mais si il dans le

Theater fahren wollte oder ins Palais Royal, so mussten ihn sechs
théâtre roule voulait ou dans le Palais Royal ainsi devaient lui six

Diener in die Kutsche hineintragen und wieder heraus. Überall war er
serviteurs dans le carrosse porter dedans et à nouveau dehors Partout était il

der gnädige Herr, der Herr Baron, der Herr Graf und der verständigste
le clément monsieur le monsieur baron le monsieur comte et le plus sencé

Mann in ganz Paris.
homme dans tout Paris

Als er aber drei Wochen vor dem Ende des Vierteljahres in den
Lorsque il mais trois semaines avant la fin de le trimestre dans le

Geldkasten griff, um eine Handvoll Dublonen ungezählt und
coffre [argent] toucha pour une poignée pleine doublons non comptés et

unbeschaut herauszunehmen, als er schon auf den Boden der Kiste
non regardés à retirer lorsque il déjà sur le fond de la caisse

griff, sagte er: „Gott sei Dank, ich werde schneller fertig, als ich
toucha disait il Dieu soit remercié je deviens plus vite fini que je

gedacht habe.“
pensé ai

Also bereitete er sich und seinen Freunden noch einen lustigen Tag,
Ainsi préparait il soi et ses amis encore une joyeuse journée

wischte alsdann den Rest seines Reichtums in der Kiste zusammen,
essuyait ensuite le reste de sa richesse dans la caisse ensemble

schenkte es seinem Helfer und gab ihm den Abschied.
offrit il son aide et donna lui le adieu

Denn am anderen Tag ging er selber wieder an sein altes Geschäft,
Car à le autre jour alla il lui-même de nouveau à son ancienne affaire

trägt jetzt Wasser in die Häuser wie vorher, wieder so lustig und
porte maintenant eau dans les maisons comme avant à nouveau si joyeux et

zufrieden wie vorher. Ja, er bringt das Wasser selbst seinem
content comme avant Oui il apporte la eau lui-même à son

ehemaligen Kameraden, nimmt ihm aus alter Freundschaft nichts
ancien camarade prend 1... lui par vieille amitié rien

dafür ab und lacht ihn aus. Ich denke mir etwas dabei, aber ich
pour ça ...1 et rigole 2... lui ...2 Je pense moi quelque chose en mais je

sag's nicht.
dis le pas

Der Zahnarzt
Le dentiste

Zwei Landstreicher, die schon lange miteinander in der Welt
Deux vagabonds qui déjà longtemps ensemble dans le monde

herumgezogen waren, weil sie zum Arbeiten zu träge oder zu
voyagé étaient parce que ils pour travailler trop paresseux ou trop

ungeschickt waren, kamen zuletzt in große Not, weil sie wenig Geld
maladroits étaient venaient en dernier dans grande détresse car ils peu argent

übrig hatten und nicht wussten, woher nehmen.
restant avaient et pas savaient de où prendre

Da gerieten sie auf folgenden Einfall: Sie bettelten vor einigen
Là arrivèrent ils sur suivante idée Ils mendiaient devant quelques

Haustüren Brot zusammen, das sie nicht zur Stillung des Hungers
portes d'entrée pain ensemble que ils pas à tranquilisation de [la] faim

genießen, sondern zum Betrug missbrauchen wollten. Sie kneteten
profitent mais pour imposture abuser voulaient Ils pétrissaient

nämlich aus dem Brot lauter kleine Kügelchen oder Pillen und
à savoir de le pain beaucoup petites boulettes ou pillules et

bestreuten sie mit Wurmmehl aus altem, zerfressenem Holz, damit sie
saupoudrairent elles avec farine de vers de vieux rongé bois afin que elles

völlig aussahen wie die gelben Arzneipillen. Hierauf kauften
complètement ressemblaient comme les jaunes pillules médicament Là-dessus achetèrent

sie für ein paar Batzen einige Bogen rot gefärbtes Papier bei dem
ils pour quelques magots quelques feuilles rouge teinté papier chez le

Buchbinder (denn eine schöne Farbe muss gewöhnlich bei jedem
relieur car une belle couleur doit habituellement chez chaque

Betrug mithelfen). Das Papier zerschnitten sie alsdann und wickelten
imposture aider Le papier découpèrent ils alors et enveloppèrent

die Pillen hinein, je sechs bis acht Stück in ein Päckchen.
les pillules dedans toujours six à huit pièces dans un petit paquet

Nun ging der eine voraus in ein Dorf, wo gerade Jahrmarkt war, und
Maintenant allait le un en avance dans un village où justement marché annuel était et

in den Roten Löwen, wo er viele Gäste anzutreffen hoffte. Er forderte
dans le Rouge Lion [auberge] où il beaucoup convives rencontrer espérait Il demandait

ein Glas Wein, trank aber nicht, sondern saß ganz wehmütig in einem
un verre vin buva cependant pas mais assis tout abattu dans un

Winkel, hielt die Hand an den Backen, winselte halblaut für sich und
angle tenait la main à la joue pleurnichait à mi-voix pour soi et

drehte sich unruhig hin und her. Die ehrlichen Landleute und Bürger,
tournait soi nerveusement va-et-vient Les honnêtes ruraux et citoyens

die im Wirtshaus waren, bildeten sich wohl ein, dass der arme
qui dans la auberge étaient imaginèrent 1... soi sûrement ...1 que la pauvre

Mensch ganz entsetzlich Zahnweh haben müsse. Aber was war zu
personne tout horriblement mal de dents avoir devait Mais que était à

tun? Man bedauerte ihn, man tröstete ihn, dass es schon wieder
faire On plaignait lui on consolait lui que il déjà à nouveau

vergehen werde, trank weiter und sprach über seine Marktaffären.
passer allait buva à nouveau et parla sur ses affaires de marché

Unterdessen kam der andere Tagedieb auch nach. Da stellten
Dans l'intervalle arriva 1... le autre voleur aussi ...1 Là feignaient

sich die beiden Schelme, als ob noch keiner den andern in seinem
soi les deux fripons comme si encore aucun le autre dans sa

Leben gesehen hätte. Keiner sah den andern an, bis der zweite durch
vie vu avait Aucun regarda 2... le autre ...2 jusque le deuxième par

das Winseln des ersten, der im Winkel saß, aufmerksam zu werden
le pleurnichement du premier qui dans le angle assis attentif à devenir

schien.
semblait

„Guter Freund", sprach er, „Ihr scheint wohl Zahnschmerzen zu
Bon ami parla il Vous semblez sûrement mal de dents à

haben?" und ging mit großen, aber langsamen Schritten auf ihn zu.
avoir et vint 1... avec grands mais lents pas sur lui ...1

„Ich bin der Doktor Staunzius Rapunzia von Trafalgar", fuhr er fort.
Je suis le docteur Staunzius Rapunzia de Trafalgar continua 2... il ...2

Denn solche fremde, volltönige Namen müssen auch zum Betrug
Car pareils étrangers sonnant bien noms doivent aussi à la imposture

behilflich sein wie die Farben. „Und wenn Ihr meine Zahnpillen
serviable être comme les couleurs Et si vous mes pillules pour les dents

gebrauchen wollt", fuhr er fort, „so kann ich Euch mit einer,
utiliser voulez continua 3... il ...3 alors peux je vous avec une

höchstens zweien, von Eurem Leiden befreien." „Das wolle Gott",
au maximum deux de votre souffrance délivrer Ceci veux Dieu

erwiderte der andere Halunke.
rétorquait le autre vaurien

Hierauf zog der saubere Doktor Rapunzia eines von seinen roten
Là-dessus tira le propre Docteur Rapunzia un de ses rouge

Päckchen aus der Tasche und verordnete dem Patienten, ein
petits paquets de la poche et prescrit à le patient une

Kügelchen daraus auf den bösen Zahn zu legen und herzhaft darauf
petite bille dessus sur la vilaine dent à poser et à pleines dents dessus

zu beißen. Jetzt streckten die Gäste an den andern Tischen die Köpfe
à mordre Maintenant étendèrent les convives à les autres tables les têtes

herüber, und einer nach dem andern kam herbei, um die Wunderkur
par ici et un après le autre venait par ici pour la cure miracle

mit anzusehen.
avec regarder

34

Nun könnt ihr euch vorstellen, was geschah. Diese erste Probe half
Maintenant pouvez vous vous imaginer quoi arriva Ce premier essai aida

zwar noch nicht; vielmehr tat er einen entsetzlichen Schrei. Das gefiel
certes encore pas plutôt fit il un horrible cri Ceci plut

dem Doktor. Der Schmerz, sagte er, sei jetzt gebrochen, und gab ihm
le docteur La douleur disait il serait maintenant rompue et donna lui

sogleich die zweite Pille zu gleichem Gebrauch. Da war nun plötzlich
aussitôt la deuxième pillule pour même usage Là était maintenant soudain

aller Schmerz verschwunden. Der Patient sprang vor Freuden auf,
toute douleur disparue Le patient sauta 1... de joie ...1

wischte den Angstschweiß von der Stirn weg, obgleich keiner dran
essuya 2... la sueur de peur de le front ...2 bien que aucune auprès

war, und tat so, als ob er seinem Retter zum Dank etwas
était et fit ainsi comme si il son sauveur à le remerciement quelque chose

Beteutsames in die Hand drückte.
significatif dans la main enfonçait

Der Streich war schlau angelegt und tat seine Wirkung. Denn jeder
La farce était rusée conçue et fit son effet Car chacun

Anwesende wollte nun auch von diesen vortrefflichen Pillen haben.
présent voulait maintenant aussi de ces éminentes pillules avoir

Der Doktor bot das Päckchen für 24 Kreuzer an, und in wenigen
Le docteur offrit 3... le petit paquet pour 24 Kreuzer ...3 et en peu

Minuten waren alle verkauft.
minutes étaient tous vendus

Natürlich gingen jetzt die zwei Schelme wieder einer nach dem
Naturellement allèrent maintenant les deux fripons à nouveau un après le

anderen weiter, lachten, als sie wieder zusammenkamen, über die
autre plus loin riaient lorsque ils à nouveau arrivaient ensemble sur la

Einfalt dieser Leute und ließen sich's gut gehen von ihrem Geld. Das
niaiserie [de] ces personnes et laissèrent soi il bien aller de leur argent Ceci

war teures Brot. So wenig für 24 Kreuzer bekam man noch in keiner
était cher pain Si peu pour 24 Kreuzer reçut on encore dans aucune

Hungersnot. Aber der Geldverlust war nicht das Schlimmste.
famine Mais la perte d'argent était pas le plus grave

Denn die Weichbrotkügelchen wurden natürlicherweise mit der Zeit
Car les petites billes de pain mou devenaient naturellement avec le temps

steinhart.
dures comme de la pierre

Wenn nun so ein armer Betrogener nach Jahr und Tag Zahnweh
Quand maintenant ainsi un pauvre abusé après année et jour mal de dents

bekam und in gutem Vertrauen mit dem kranken Zahn einmal und
reçut et en bonne confiance avec la malade dent une fois et

zweimal darauf biss, da denke man an den entsetzlichen Schmerz, den
deux fois dessus mordit là pensait on à la épouvantable douleur que

er, statt geheilt zu werden, sich selbst bereitete. Für 24 Kreuzer aus
il à la place guérir à devenir soi même préparait Pour 24 Kreuzer de

der eigenen Tasche.
la propre poche

Daraus ist also zu lernen, wie leicht man betrogen werden kann, wenn
De cela est donc à apprendre comme aisé on abusé devenir peut quand

man den Vorspiegelungen jedes Landstreichers traut, den
on les préludes [de] chaque vagabond fait confiance que

man zum ersten Mal in seinem Leben sieht, und vorher nie und
on pour première fois dans sa vie voit et avant jamais et

nachher nie mehr; und mancher, der dies liest, wird vielleicht denken:
après jamais plus et plus d'un qui ceci lit ira peut-être penser

„So einfältig bin ich zu meinem eigenen Schaden auch schon
Ainsi naïf suis je à mon propre tort aussi déjà

gewesen." (Merke: Wer so etwas kann, der weiß an
été Prenez note : Qui quelque chose dans ce genre peut celui-ci sait à

anderen Orten Geld zu verdienen, der läuft nicht auf den Dörfern
autres endroits argent à gagner celui-ci court pas sur les villages

und Jahrmärkten herum mit Löchern im Strumpf oder mit einer
et marchés annuels autour de avec trous dans le bas ou avec une

weißen Schnalle am rechten Schuh und mit einer gelben am linken.)
blanche boucle à la droite chaussure et avec une jaune à la gauche

Die Probe
Le essai

In einer ziemlich großen Stadt, wo nicht alle Leute einander kennen,
Dans une assez grande ville où pas tous gens les uns les autres connaissent

auch nicht alle Polizisten, ging ein neu angestellter Polizist in ein
aussi pas tous policiers alla un nouveau engagé policier dans une

verdächtiges Wirtshaus hinein und hatte einen braunen Mantel über
douteuse auberge dedans et avait un brun manteau par-dessus

die Uniform drübergezogen. Denn er dachte: Weil ich noch nicht
la uniforme passé par-dessus Car il pensait Puisque je encore pas

lange im Dienst bin, so kennt mich niemand, und niemand nimmt
longtemps en service suis ainsi connaît moi personne et personne prend

sich vor mir in Acht; vielleicht gibt's etwas zu fischen.
soi devant moi en garde peut-être il y a quelque chose à pêcher

Ein bejahrter Mann in bürgerlicher Kleidung folgt ihm nach und geht
Un âgé homme en bourgeois habillement suit lui après et va

36

auch in das Wirtshaus. Der neue Polizist bestellt einen Schoppen; der
aussi dans la auberge Le nouveau policier commande une chope le

betagte Mann setzt sich an den gleichen Tisch und bestellt auch einen
âgé homme pose soi à la même table et commande aussi une

Schoppen.
chope

An anderen Tischen saßen mehrere Leute und sprachen friedlich von
A autres tables assirent plusieurs personnes et parlèrent calmement de

allerlei, von dem Elefanten, von dem grossen Diebstahl, von den
tout de le éléphant de le gros vol de les

Kriegsoperationen. Einer zog mit dem Finger einen Strich aus Wein
opérations de guerre L'un tira avec le doigt un trait de vin

über den Tisch und sagte: "Zum Beispiel, dies wäre die Donau."
a travers la table et disait Par exemple ceci serait le Danube

Darauf legte er ein Stückchen Käserinde daneben und sagte: "Jetzt,
Là-dessus posa il un petit morceau croûte de fromage à côté et disait Maintenant

das wär' Ulm." Ein anderer, als er Ulm nennen hörte, sagte zu dem
ceci serait Ulm Un autre lorsque il [ville] prononcer entendait disait à le

betagten Mann: "Ich bin von Ulm und habe dort Haus und Gewerbe.
âgé homme Je suis de Ulm et ai là-bas maison et profession

Aber die alten Zeiten sind nicht mehr." Der betagte Mann sagte:
Mais les vieux temps sont pas plus Le âgé homme disait

"Landsmann, Ulm ist überall, die guten Zeiten sind nirgends mehr",
Compatriote Ulm est partout les bons temps sont nulle part plus

und fing an zu klagen über die Zeit und über die Abgaben und zu
et commença à se lamenter sur le temps et sur les taxes et à

lästern über die Obrigkeit, wie es sich nicht gehört.
blasphémer sur les autorités comme il soi pas convient

Da wurde der Polizist im braunen Überrock aufmerksam und stille
Là devenait le policier dans le brun pardessus attentif et silencieux

und sagte endlich: "Guter Freund, ich warne Euch." Der betagte
et disait enfin Bon ami je préviens vous Le âgé

Mann aber sagte: "Was habt Ihr mich zu warnen?" und trank ein Glas
homme mais disait Quoi avez vous moi à prévenir et buva 1... un verre

voll Wein nach dem andern aus und schimpfte über die Obrigkeit nur
plein vin après le autre ...1 et insultait sur les autorités seulement

noch schlimmer. Der verkleidete Polizist sagte: "Guter Freund, ich
encore plus grave Le déguisé policier disait Bon ami je

kenn' Euch nicht. Aber ich will Euch noch einmal gewarnt haben."
connais vous pas Mais je veux vous encore une fois prévenu avoir

Der Betagte erwiderte: "Warnen hin und warnen her! Was wahr ist,
Le âgé rétorquait Prévenir va et prévenir vient Quoi vrai est

muss man reden dürfen. Was bleibt einem noch übrig als die freie
doit on parler pouvoir Quoi reste 2... on encore ...2 que le libre

Rede?" Und so und so.
discours Et ainsi et ainsi

Da schlug der verkleidete Polizist den braunen Mantel zurück und
Là rejeta 3... le costumé policier le brun manteau 3... et

zeigte sich, wie er war, in einer hellgrauen Jacke mit roten Abzeichen
montrait soi comment il était dans une gris clair veste avec rouge insigne

und einem Band. "Jetzt, guter Freund", sagte er, "jetzt kommt mit
et un lien Maintenant bon ami disait il maintenant venez avec

mir!" Da stellte sich der Mann, als er an der Uniform den Polizisten
moi Là livrait soi le homme lorsque il à la uniforme le policier

erkannte, plötzlich wie umgewendet. "Guter Freund", sagte er, "Ihr
reconnut subitement comme retourné Bon ami disait il Vous

werdet doch meinen Spaß nicht für Ernst angesehen haben und nicht
allez néanmoins mon divertissement pas pour sérieux regardé avoir et pas

> Ihr werdet den Spass nicht für Ernst genommen haben = vous n'avez certainement pas pris le divertissement pour sérieux

erst heute auf die Welt gekommen sein. Ich sehe schon",
seulement aujourd'hui sur la terre venu être Je vois déjà

sagte er, "wir müssen eine Flasche miteinander trinken, dass Ihr mich
disait il nous devons une bouteille ensemble boire pour que vous moi

besser kennen lernt", und bestellte noch eine Flasche und winkte der
mieux connaître apprenez et commandait encore une bouteille et fit signe [a] la

Wirtin: "Vom Guten."
patronne De le bon

Der Polizist aber sagte: "Ich habe keinen Wein mit Euch zu trinken",
Le policier mais disait Je ai aucun vin avec vous à boire

und fasste ihn oben am Arm, und fort zur Türe hinaus. Unterwegs
et saisissait lui en-haut à le bras et loin à la porte dehors En chemin

fuhr der Festgenommene fort zu reden: "Ihr meint zum Beispiel,
continua 4... le arrêté ...4 à parler Vous pensez par exemple

ich sei ein Feind von Abgaben, weil ich über die Abgaben geschimpft
je serai un ennemi des taxes car je sur les taxes insulté

habe. Aber nein, ich will Euch das Gegenteil beweisen, denn Ihr seid
ai Mais non je veux vous le contraire prouver car vous êtes

auch eine Amtsperson, und ich habe vor Leuten wie Euch Respekt."
aussi un fonctionnaire et je ai devant personnes comme vous respect

Dabei zog er einen Kronentaler aus der Tasche und wollte sich damit
De plus tira il une couronne de Louis de la poche et voulait soi avec cela

loskaufen. Aber der Polizist sagte: "Ihr habt mir keine Abgaben zu
se racheter Mais le policier disait Vous avec moi pas taxes à

bezahlen." Eine Gasse weiter fuhr der Festgenommene fort: "Ich
payer Une ruelle plus loin continua 1... le arrêté ...1 Je

38

wette, Ihr seid noch nicht verheiratet und habt für keine Frau, noch für
parie vous êtes encore pas marié et avez pour aucune femme ni pour

Kinder zu sorgen, weil Ihr keine Abgabe von mir braucht. Ich will
enfants à subvenir car vous pas taxes de moi nécessitez Je veux

Euch zu einem schönen Mädel führen." Der Polizist erwiderte: "Ihr
vous à une jolie fille emmener Le policier rétorquait Vous

habt mich zu keinem Mädel zu führen, aber ich Euch zu einem
avez moi à aucune fille à emmener mais moi vous à un

Mann."
homme

Als sie aber miteinander in den Polizeihof und vor den Herrn
Lorsque ils mais ensemble dans la cour de la police et devant le monsieur

Stadtvogt gekommen waren, fing der Stadtvogt an laut zu lachen,
Prévôt arrivés étaient commença 2... le prévôt ...2 bruyamment à rire

da er ein recht lustiger Mann ist, und sagte: "Welcher von Euch
car il un réel joyeux homme est et disait Lequel de vous

zweien bringt den anderen?" Denn es ist jetzt Zeit, dem lieben Leser
deux apporte le autre Car il est maintenant temps à le cher lecteur

zu sagen, dass der Festgenommene selber ein alter Polizeibeamter
à dire que le arrêté lui-même un ancien agent de police

war. Er hatte sich verkleidet und war dem Neuen nachgegangen, nur
était Il avait soi déguisé et avait le nouveau suivi seulement

um ihn zu prüfen, ob er seine Pflicht tut. Deswegen sagte der
pour lui à tester si il son devoir fait Pour cela disait le

Stadtvogt: "Welcher von Euch zweien bringt den andern?" Der junge
prévôt Lequel de vous deux apporte le autre Le jeune

Polizist wollte anfangen, der alte aber, der vermeintliche
policier voulait commencer le ancien mais le présumé

Festgenommene, schaute ihn gebieterisch an und sagte: "Jetzt rede
arrêté regardait 1... lui autoritairement ...1 et disait Maintenant parle

ich zuerst, ich bin älter im Dienst.
je d'abord je suis plus ancien dans le service

Euer Gnaden, Herr Stadtvogt", sagte er, "dieser junge Mann ist
Votre Grâce Monsieur prévôt disait il ce jeune homme est

erprobt, und wir können uns verlassen auf ihn; denn er hat mich
chevronné et nous pouvons faire confiance sur lui car il a moi

gewissenhaft festgenommen und hat sich nicht von mir bestechen
scrupuleusement arrêté et a soi pas de moi acheter

oder breitschlagen lassen, weder mit Wein, noch mit Geld, noch mit
ou baratiner laissé ni avec vin ni avec argent ni avec

Weibern." Da lächelte der Stadtvogt gar freundlich. Übrigens, an
femmes faciles Là souriait le prévôt même amicalement D'ailleurs à

einem solchen Ort   mag es nicht gut sein, ein Spitzbube zu sein, wo
un   tel   lieu aimerait il pas bien être un   galopin   à être   où

sogar ein Polizist dem andern nicht trauen   darf. Diese Geschichte hat
même un policier le autre pas confiance faire peut Cette histoire   a

mir der Jüngere der beiden erzählt. Er ist jetzt   in Dresden und er hat
moi le plus jeune des deux   raconté Il est maintenant à [ville]   et il a

mir zum Andenken einen schönen Pfeifenkopf aus Dresden geschickt.
moi pour souvenir   une   jolie   tête de pipe   de Dresde   envoyé

Ein flotter Bub ist darauf und ein entzückendes Mädchen und sie
Un dégourdi gamin est dessus et une   ravissante   fille   et ils

machen etwas   miteinander.
font   quelque chose   ensemble

Franziska
Francisca

 In einem unscheinbaren Dörfchen am Rhein saß eines Abends, als es
Dans un   insignifiant   petit village à le Rhin assit un   soir lorsque il

schon dunkeln wollte, ein armer junger Mann, ein Weber, noch an
déjà   sombre devenait un pauvre jeune homme un tisserand encore à

dem Webstuhl und dachte während der Arbeit unter anderem an den
le   métier à tisser et pensait durant   le travail entre autre à le

König Hiskias, hernach an Vater und Mutter, deren Lebensfaden
roi   Hiskias,   puis   à père   et   mère   dont   fil de vie

auch schon von der Spule abgelaufen war, danach an den seligen
aussi déjà de la bobine   défilé   était après   à le bienheureux

Großvater, dem er einst auch noch auf den Knien gesessen hatte und
grand-père que il jadis aussi encore sur les genoux assis   était   et

an das Grab gefolgt war, und war so vertieft in seinen Gedanken und
à la tombe suivi était et était si plongé dans sa   pensée   et

in seine Arbeit, dass er gar nichts davon merkte, wie   eine schöne
dans son travail   que il pas du tout de là remarquait comment une   jolie

Kutsche mit vier stattlichen Schimmeln   vor seinem Häuschen anfuhr
calèche avec quatre magnifiques chevaux blancs devant sa petite maison arriva

und anhielt.
et   arrêta

 Als aber etwas   an der Türfalle drückte, und ein holdes, jugendliches
Quand mais quelque chose à la poignée de porte poussa   et une tendre   jeune

Wesen trat herein von weiblichem Aussehen mit wallenden, schönen
créature entra   de   féminine   apparence avec ondulantes   belles

Haarlocken   und in einem langen, himmelblauen Gewand, und das
boucles de cheveux et dans un   long   bleu ciel   costume   et la

freundliche Wesen fragte ihn mit mildem Ton und Blick: "Kennst du
aimable   créature demanda lui avec doux   ton et regard Connais tu

mich, Heinrich?" da war es, als ob er plötzlich aus einem tiefen Schlaf
moi Heinrich là était il comme si il subitement de un profond sommeil

aufwache, und war so erschrocken, dass er nichts reden konnte. Denn
réveilla   et était si effrayé   que il rien parler pouvait Car

er meinte, es sei ihm ein Engel erschienen, und es war auch so etwas
il pensait il serait lui un ange apparut   et il était aussi quelque chose

von der Art, nämlich seine Schwester Franziska, und sie lebte noch!
de le genre à savoir   sa   sœur   Francisca   et elle vivait encore

Einst hatten sie manches Körbchen voll Holz barfuß miteinander
Jadis avaient ils plus d'une corbeille pleine bois pieds nus ensemble

aufgelesen, manches Binsenkörbchen voll Erdbeeren am Sonntag
ramassé   plus d'une corbeille tressée pleine fraises le dimanche

miteinander gepflückt und in die Stadt getragen und auf dem
ensemble   cueilli   et dans la ville porté   et sur le

Heimweg ein Stücklein Brot miteinander gegessen, und jeder aß
chemin   un petit morceau pain ensemble mangé et chacun mangea

weniger davon, damit der andere genug bekäme. Als aber nach des
moins   de là afin que le autre   assez recevrait Lorsque mais après de la

Vaters Tod die Armut und das Handwerk die Brüder aus der
père mort la pauvreté et le artisanat les frères de le

elterlichen Hütte in die Fremde geführt hatte, blieb Franziska allein
parentale refuge dans les pays lointains conduit avait resta 1... Francisca seule

bei der alten, gebrechlichen Mutter zurück und pflegte sie, so dass sie
chez la vieille   frêle   maman ...1 et soigna elle ainsi elle

ihre Mutter von dem kärglichen Verdienst ernährte, den sie in einer
sa maman de le maigre   produit alimentait que elle dans une

Spinnfabrik erwarb. Und in den langen, schlaflosen Nächten wachte
filature   gagna Et dans les longues sans sommeil nuits veilla

sie mit ihr und las aus einem alten, zerrissenen Buch über Holland,
elle avec elle et lut de un vieux déchiré livre sur Hollande

von den schönen Häusern, von den großen Schiffen, von der
de les belles maisons de les grands bateaux de la

grausamen Seeschlacht bei Doggersbank, und ertrug das Alter und die
cruelle bataille navale près Doggersbank et endura le âge et la

Wunderlichkeit der kranken Frau mit kindlicher Geduld.
bizarrerie de la malade femme avec enfantine patience

Einmal aber, früh um zwei Uhr, sagte die Mutter: "Bete mit mir,
Une fois mais tôt à deux heures disait la maman Prie avec moi

meine Tochter! Diese Nacht hat für mich keinen Morgen mehr auf
ma   fille Cette nuit a pour moi pas de matin plus sur

41

dieser Welt." Da betete und schluchzte und küsste das arme Kind die
cette terre Là pria et sanglota et embrassa la pauvre enfant la

sterbende Mutter, und die Mutter sagte: "Gott segne dich und " –
mourante maman et la maman disait Dieu bénit toi et

und nahm die letzte Hälfte ihres Muttersegens "und belohne dich für
et prit la dernière moitié sienne bénédiction maternelle et récompense toi pour

all deine Mutterliebe!" – mit sich in die Ewigkeit. Als aber die Mutter
tout ton amour maternel avec soi dans la éternité Lorsque mais la maman

begraben und Franziska in das leere Haus zurückgekommen war und
enterrée et Francisca dans la vide maison retourné arrivée était et

betete und weinte und dachte, was jetzt aus ihr werden sollte, sagte
priait et pleurait et pensait quoi maintenant de elle devenir devait disait

etwas in ihrem Inneren zu ihr: "Geh nach Holland!" Und ihr Haupt
quelque chose dans son moi profond à elle Va vers Hollande Et sa tête

und ihr Blick richtete sich langsam und sinnend empor, und die letzte
et son regard orienta soi lentement et sensé en-haut et la dernière

Träne für diesmal blieb ihr in dem blauen Auge stehen.
larme pour cette fois resta 2... lui dans le bleu oeil ...2

Als sie von Dorf zu Stadt und von Stadt zu Dorf betend und bettelnd
Lorsque elle de village en ville et de ville en village priant et mendiant

und Gott vertrauend nach Holland gekommen war und so viel
et Dieu confiant vers Hollande arrivée était et si beaucoup

ersammelt hatte, dass sie sich ein sauberes Kleidchen kaufen konnte,
rassemblé avait que elle soi une propre petite robe acheter pouvait

in Rotterdam, als sie einsam und verlassen durch die wimmelnden
à Rotterdam lorsque elle seule et abandonnée à travers les fourmillantes

Strassen wandelte, sagte wieder etwas in ihrem Inneren: "Geh
rues déambulait disait de nouveau quelque chose dans son fort intérieur Va

in jenes Haus dort mit den vergoldeten Gittern am Fenster! "Als sie
dans cette maison là avec les dorés barreaux à la fenêtre Lorsque elle

aber durch den Hausgang an der Marmortreppe vorbei in den Hof
mais à travers le couloir à le escalier en marbre passé dans la cour

gekommen war, denn sie hoffte, zuerst jemand anzutreffen, ehe sie an
arrivée était car elle espérait en premier quelqu'un à rencontrer avant que elle à

einer Stubentüre anklopfte, da stand eine betagte, freundliche Frau
une porte de salon toqua là se tenait une âgée aimable femme

von vornehmem Aussehen in dem Hofe und fütterte das Geflügel, die
de distinguée apparence dans la cour et nourrissait la volaille les

Hühner, die Tauben und die Pfauen.
poules les pigeons et les paons

"Was willst du hier, mein Kind?" Franziska fasste sich ein Herz und
Quoi veux tu ici mon enfant Francisca prenait soi un cœur et

Sich ein Herz fassen = prendre son courage à deux mains

42

erzählte der vornehmen, freundlichen Frau ihre ganze Geschichte:
racontait à distinguée aimable femme sa entière histoire

"Ich bin auch ein armes Hühnchen, das Eures Brotes bedarf", sagte
Je suis aussi une pauvre petite poule qui votre pain a besoin disait

Franziska und bat sie um eine Anstellung im Haus. Die Frau gewann
Francisca et pria elle pour un emploi dans la maison La femme gagna

Zutrauen zu der Bescheidenheit und Unschuld und zu dem nassen
confiance à la modestie et innocence et à le mouillé

Auge des Mädchens und sagte: "Sei zufrieden, mein Kind! Gott wird
oeil de la fillette et disait Sois tranquile mon enfant Dieu va

dir den Segen deiner Mutter nicht schuldig bleiben. Ich will dir Dienst
toi la bénédiction de ta maman pas redevable rester Je veux toi emploi

geben und für dich sorgen, wenn du brav bist." Denn die Frau dachte:
donner et pour toi subvenir si tu brave es Car la femme pensait

Wer kann wissen, ob nicht der liebe Gott mich bestimmt hat, den
Qui peut savoir si pas le bon Dieu moi choisit a la

Segen der sterbenden Mutter zu erfüllen. Sie war die Witwe eines
bénédiction de la mourante maman à remplir Elle était la veuve d'un

reichen Rotterdamer Kaufmanns, von Geburt aber eine Engländerin.
riche de Rotterdam commerçant de naissance mais une Anglaise

Also wurde Franziska zuerst Hausmagd, und als sie sich als gut und
Alors devint Francisca en premier bonne et lorsque elle soi comme bonne et

treu erwies wurde sie Stubenmagd, und ihre Gebieterin gewann sie
loyale montrait devenait elle femme de chambre et sa dirigeante gagna elle

lieb, und als sie immer feiner und verständiger wurde, wurde sie
aimé et lorsque elle toujours plus fine et plus raisonnable devenait devenait elle

Kammerdienerin. Aber jetzt ist sie noch nicht alles, was sie wird.
valet de chambre Mais maintenant est elle encore pas tout quoi elle devient

Im Frühling, als die Rosen blühten, kam aus Genua ein Vetter der
Au printemps lorsque les roses fleurissent venait de Gênes un cousin de la

vornehmen Frau, ein junger Engländer, zu ihr auf Besuch nach
distinguée femme un jeune Anglais à elle en visite vers

Rotterdam. Er besuchte sie fast alle Jahre um diese Zeit, und als sie
Rotterdam Il visitait elle presque toutes années à cette période et lorsque elle

über Dies und Jenes redeten und der Vetter erzählte, wie es aussah, als
sur ceci et cela parlaient et le cousin racontait comme il avait l'air lorsque

die Franzosen vor Genua in dem engen Pass in der Bocchetta standen
les Français devant Gêne dans le étroit chenal dans La Bocchetta se trouvaient

und die Österreicher davor, trat heiter und lächelnd, mit allen Reizen
et les Autrichiens devant entra alerte et souriante avec tous attraits

der Jugend und Unschuld geschmückt, Franziska in das Zimmer, um
de jeunesse et innocence parée Fransiska dans le pièce pour

etwas aufzuräumen oder zurechtzulegen, und dem jungen
quelque chose à ranger ou remettre en ordre et à le jeune

Engländer, als er sie erblickte, wurde es sonderbar um das Herz, und
Anglais lorsque il elle aperçut devenait il singulier vers le cœur et

die Franzosen und Österreicher verschwanden ihm aus den Sinnen.
les Français et Autrichiens disparurent lui de les sens

"Tante", sagte er, "Ihr habt ein bildschönes Mädchen als Dienerin.
Tante disait il Vous avez une ravissante jeune fille comme servante

Es ist schade, dass sie nicht mehr ist als das." Die Tante sagte: "Sie
Il est dommage que elle pas plus est que cela La tante disait Elle

ist eine arme Waise aus Deutschland. Sie ist nicht nur schön, sondern
est une pauvre orpheline de Allemagne Elle est pas seulement belle mais

auch verständig, und nicht nur verständig, sondern auch fromm und
aussi sensée et pas seulement sensée mais aussi pieuse et

tugendhaft und ist mir lieb geworden als wäre sie mein Kind." Der
vertueuse et est moi aimée devenue comme serait elle mon enfant Le

Vetter dachte: Das hört sich gut an. Den nächsten oder dritten Morgen
cousin pensait Ca entend 1... soi bien ...1 Le prochain ou troisième matin

aber, als er mit der Tante in dem Garten spazierte: "Wie gefällt dir
mais lorsque il avec la tante dans le jardin se promenait Comment plait toi

dieser Rosenstock?" fragte die Tante; der Vetter sagte: "Sie ist schön,
ce rosier demandait la tante le cousin disait Elle est belle

sehr schön." Die Tante sagte: "Vetter, du redest wirr. Wer ist schön?
très belle La tante disait Cousin tu parles confusément Qui est beau

Ich frage ja nach dem Rosenstock." Der Vetter erwiderte: " Die
Je demande bien sur le rosier Le cousin rétorquait La

Rose",—"oder vielmehr die Franziska?" fragte die Tante. "Ich hab's
rose ou plutôt la Francisca demandait la tante Je ai il

schon gemerkt", sagte sie. Der Vetter gestand ihr seine Liebe zu dem
déjà remarqué disait elle Le cousin avoua elle son amour à la

Mädchen, und dass er sie heiraten möchte. Die Tante sagte: "Vetter,
fille et que il elle marier voulait La tante disait Cousin

du bleibst noch drei Wochen bei mir. Wenn es dir dann immer noch
tu restes encore trois semaines chez moi Si il toi à ce moment encore

so ist, habe ich nichts dagegen. Das Mädchen ist einen braven
ainsi est ai je rien contre La fille est un brave

Mann wert."
mari digne

Nach drei Wochen sagte er: "Es ist mir nicht mehr so wie vor
Après trois semaines disait il Il est moi pas plus ainsi comme avant

drei Wochen. Es ist noch viel heftiger, und ohne das Mädchen weiß
trois semaines Il est encore plus violent et sans la fille sais

ich nicht, wie ich leben soll." Also geschah es. Aber es gehörte viel
je pas comme je vivre doit Ainsi arriva il Mais il appartenait beaucoup

Zureden dazu, die demütige, fromme Magd zu ihrer Einwilligung zu
sermonner avec la humble pieuse domestique à son consentement à

bewegen. Jetzt blieb sie noch ein Jahr bei ihrer bisherigen Gebieterin,
faire bouger Maintenant resta elle encore un an chez sa jusque ici dirigeante

aber nicht mehr als Kammermädchen, sondern als Freundin und
mais pas plus comme femme de chambre mais comme amie et

Verwandte in dem reichen Haus mit vergoldetem Fenstergitter, und
parente dans la riche maison avec dorées grilles de fenêtre et

noch in dieser Zeit lernte sie die englische Sprache, die französische,
encore dans ce temps apprit elle la anglaise langue la française

das Klavierspielen: "Wenn wir in höchsten Nöten sein" usw. "Der
le piano Lorsque nous dans plus hauts périls être etc... Le

Herr, der aller Enden" usw. "Auf dich, mein lieber Gott, ich traue"
Seigneur de toutes fins etc. Sur toi mon cher Seigneur je fais confiance

usw. Und was sonst noch ein Kammermädchen nicht zu wissen
etc. Et quoi à part cela encore une femme de chambre pas à savoir

braucht, aber eine vornehme Frau, das lernte sie alles.
nécessite mais une distinguée femme ceci apprit elle tout

Nach einem Jahr kam der Bräutigam, noch ein paar Wochen vorher,
Après un an vint le marié encore une paire semaines avant

und die Trauung geschah in dem Hause der Tante. Als aber von der
et le mariage eut lieu dans la maison de la tante Lorsque mais de la

Abreise des neuen Ehepaars die Rede war, schaute die junge Frau
départ du nouveau couple la parole était regardait 1... la jeune femme

ihren Gemahl bittend an, dass sie noch einmal in ihrer armen Heimat
son mari suppliant ...1 que elle encore une fois dans son pauvre pays natal

einkehren und das Grab ihrer Mutter besuchen und ihr danken
rentrer et la tombe de sa maman visiter et la remercier

möchte, und dass sie ihre Geschwister und Freunde noch einmal
aimerait et que elle sa fratrie et amis encore une fois

sehen möchte.
voir aimerait

Also kam sie jenen Tage bei ihrem armen Bruder, dem Weber, an,
Ainsi arriva 2... elle ces jours chez son pauvre frère le tisserand ...2

und als er ihr auf ihre Frage: "Kennst du mich, Heinrich?" keine
et lorsque il lui sur sa question Connais tu moi Heinrich pas

Antwort gab, sagte sie: "Ich bin Franziska, deine Schwester." Da ließ
réponse donna disait elle Je suis Francisca ta sœur Là laissa

er vor Schreck das Webschifflein aus den Händen fallen, und seine
il de effroi la navette de les mains tomber et sa

Schwester umarmte ihn. Aber er konnte sich anfänglich nicht recht
sœur enlaça lui Mais il pouvait soi initialement pas réellement

freuen, weil sie so vornehm geworden war, und scheute sich vor dem
se réjouir car elle si distinguée devenue était et redoutait soi devant le

fremden Herrn, ihrem Gemahl, dass sich in seiner Gegenwart die
étranger monsieur son époux que soi dans sa présence la

Armut und der Reichtum so brüderlich umarmen und zueinander Du
pauvreté et la richesse si fraternellement enlacer et ensemble tu

sagen sollen. Bis er sah, dass sie mit dem Gewand der Armut nicht die
dire doivent Jusque il vit que elle avec le costume de pauvreté pas la

Demut ausgezogen hatte. Und nur ihren Stand verändert hatte, nicht
humilité déshabillé avait Et uniquement son état changé avait pas

ihr Herz.
son cœur

Nach einigen Tagen aber, als sie alle ihre Verwandten und Bekannten
Après quelques jours mais lorsque elle tous ses parents et connaissances

besucht hatte, reiste sie mit ihrem Gemahl nach Genua, und beide
visité avait voyageait elle avec son époux vers Gênes et tous deux

leben vermutlich noch dort. Ich will aufrichtig gestehen, was mich
vivent vraisemblablement encore là-bas Je veux sincèrement avouer quoi moi

selber an dieser Geschichte am meisten rührt. Am meisten rührt mich,
même à cette histoire le plus touche Le plus touche moi

dass der liebe Gott dabei war, als die sterbende Mutter ihre Tochter
que le bon Dieu avec était lorsque la mourante maman sa fille

segnete, und dass er eine vornehme Kaufmannsfrau in Rotterdam in
bénissait et que il une distinguée femme de marchand à Rotterdam en

Holland und einen braven Engländer bestellt hat, den Segen einer
Hollande et un brave Anglais commandé a la bénédiction d'une

armen sterbenden Witwe an ihrem frommen Kinde zu erfüllen.
pauvre mourante veuve a son pieux enfant à combler

Mittel gegen Zank und Schläge
Moyen contre disputes et coups

Zwei Eheleute, nicht weit von Segringen lebten miteinander in
Deux conjoints non loin de Segringen vivaient ensemble en

Liebe, davon abgesehen, dass sie bisweilen einen kleinen Wortwechsel
amour de là mis à part que ils de temps à autre une petite dispute

bekamen, wenn der Mann einen Rausch hatte. Dann gab ein Wort das
recevaient lorsque le homme une ivresse avait Alors donna un mot le

46

andere. Das letzte aber gab gewöhnlich blaue Flecke. Zum Beispiel:
autre Le dernier mais donna habituellement bleues taches Par exemple

"Frau", sagte der Mann, "die Suppe ist wieder nicht genug gesalzen,
Femme disait le homme la soupe est de nouveau pas assez salée

und ich hab' dir's doch schon so oft gesagt." Die Frau sagt: "Mir ist
et je ai toi il mais déjà si souvent dit La femme dit Moi est

sie so eben recht." Der Mann bekommt etwas Röte im Gesicht. "Du
elle ainsi bonne Le homme reçoit un peu rougeur dans le visage Toi

unverständiges Maul, ist das eine Antwort einer Frau gegen ihren
malavisée gueule est ceci une réponse d'une femme envers son

Mann? Soll ich mich nach dir richten?" Die Frau erwidert: "Draußen
homme Dois je moi après toi orienter La femme rétorque Dehors

in der Küche ist das Salzfass. Das nächste Mal koch' dir selber, oder
dans la cuisine est le tonneau de sel La prochaine fois cuisines toi-même ou

sieh, wer dir kocht." Der Mann wird flammenrot und wirft der Frau
regarde qui toi cuisine Le homme devient rouge flamboyant et envoie la femme

die Suppe samt dem Teller vor die Füße. "Da, friss den Fraß selber!"
la soupe avec la assiette devant les pieds Là mange la mangeaille toi-même

Jetzt läuft es bei der Frau an, wie wenn man bei der Mühle den
Maintenant court 1... il chez la femme ...1 comme lorsque on chez le moulin la

Wasserzulauf öffnet und das Wasser fließt los und alle Mühlräder
arrivée d'eau ouvre et la eau coule et toutes roues du moulin

laufen an, und sie überschüttet ihn mit Beleidigungen und
démarrent et elle déverse lui avec camouflets et

Schimpfnamen, die kein Mann gern hört, am wenigsten von einer
injures que aucun homme avec plaisir entend le moins de une

Frau, am allerwenigsten von seiner eigenen. Der Mann aber sagt: "Ich
femme la moindre des choses de sa propre Le homme mais dit Je

seh' schon, ich muss dir den Rücken wieder ein wenig blau
vois déjà je dois toi le dos à nouveau un peu bleu

anstreichen mit dem großen Weidenruten-Pinsel."
peindre avec le grand pinceau en canne de saule

Solcher Liebkosungen endlich müde, ging die Frau zum Pfarrer und
Pareils cajoleries enfin fatiguée alla la femme chez curé et

klagte ihm ihre Not. Der Herr Pfarrer, der ein feiner und kluger junger
plaignait lui son péril Le monsieur curé qui un fin et intelligent jeune

Mann war, merkte bald, dass die Frau durch Widersprechen und
homme était remarquait bientôt que la femme au moyen de répliques et

Schimpfen gegen ihren Mann selber schuld an ihren Misshandlungen
insultes contre son homme soi-même faute à ses sévices

war.
était

"Hat Euch mein seliger Vorfahr' nie von dem geweihten Wasser
A vous mon béat ascendant jamais de la bénie eau

gegeben?" sagte er. "Kommt in einer Stunde wieder zu mir!"
donné disait il Venez dans une heure à nouveau à moi

Unterdessen goss er reines, frisches Brunnenwasser in ein Fläschlein,
Dans l'intervalle coula il pure fraîche eau de fontaine dans une petite bouteille

versüßte es mit Zucker und ließ ein Tröpfchen Rosenöl hinein
sucra elle avec sucre et laissa une petite goutte huile de rose dedans

träufeln, dass es einen lieblichen Geruch annahm. "Dieses
instiller que il une charmante odeur prit Cette

Fläschlein", sagte er zu ihr, "müsst Ihr in Zukunft immer bei Euch
petite bouteille disait il à elle devez vous à l'avenir toujours auprès vous

tragen, und wenn Euer Mann wieder aus dem Wirtshaus kommt und
porter et quand votre mari à nouveau de la auberge arrive et

will Euch Vorwürfe machen, so nehmt einen Schluck davon und
veut vous reproches faire ainsi prenez une gorgée de là et

behaltet ihn im Mund, bis er wieder zufrieden ist. Dann wird seine
gardez la dans la bouche jusque il à nouveau content est Alors vient sa

Wunderlichkeit nie mehr in Zorn ausbrechen, und er wird Euch keine
singularité plus jamais en colère se déclarer et il vient vous pas

Schläge mehr geben können." Die Frau befolgte den Rat; das
coups plus donner pouvoir La femme suivit le conseil la

geweihte Wasser bewährte sich, und die Nachbarsleute sagten oft
bénie eau fit ses preuves et les voisins disaient souvent

zu einander: "Unsere Nachbarn sind ganz anders geworden. Man hört
les uns aux autres Nos voisins sont tout autrement devenus On entend

nichts mehr."
rien plus

Mohammed
Mohammed

Dem Mohammed wollten es anfänglich nicht alle glauben, dass er ein
A le Mohammed voulaient il au début pas tous croire que il un

Prophet sei, weil er noch kein Wunder getan hatte wie Elias. Dazu
prophète serait car il encore pas miracle fait avait comme Elias A cela

sagte Mohammed ganz gleichgültig, wie einer, der eine Pfeife Tabak
disait Mohammed tout indifférent comme un qui une pipe tabac

raucht und etwas dazu redet, "das Wunder", sagte er, "macht den
fume et quelque chose de plus parle le miracle disait il fait le

Propheten noch nicht. Wenn ihr' s aber verlangt, so werden ich
prophète encore pas Si vous il mais demandez ainsi seront moi

und jener Berg dort in kurzer Zeit beieinander sein." Dabei deutete er
et cette montagne là-bas en court temps ensemble être Avec cela montra il

48

auf einen Berg, der etwa eine Stunde weit entfernt war, und rief ihm
sur une montagne que environ une heure lointain éloignée était et cria elle

mit gebietender Stimme, dass der Berg sich soll von seiner Stätte
avec impérieuse voix que la montagne soi doit de son emplacement

erheben und zu ihm kommen.
élever et à lui venir

Als aber dieser keine Bewegung machen und keine Antwort geben
Lorsque mais celle-ci pas de mouvement faire et pas de réponse donner

wollte – keine Antwort ist auch eine Antwort – so ergriff Mohammed
voulait pas de réponse est aussi une réponse ainsi saisit Mohammed

sanftmütig seinen Stab und ging zum Berg, womit er ein
bienveillant son bâton et alla à la montagne avec quoi il un

denkwürdiges und nachahmungswertes Beispiel gab – auch für
mémorable et à suivre exemple donna aussi pour

solche Leute, die keine Propheten sein wollen. Nämlich, dass man
telles personnes qui pas de prophète être veulent A savoir que on

dasjenige, was man selbst tun kann, nicht von einem wunderbaren
ce quoi on soi-même faire peut pas de un merveilleux

Ereignis oder von Zeit und Glück oder von andern Menschen
événement ou de temps et chance ou de autres personnes

verlangen soll.
demander doit

Z.B. hast du etwas Notwendiges und Wichtiges mit jemandem zu
Par ex. as tu quelque chose nécessaire et important avec quelqu'un à

reden, so warte nicht, bis er zu dir kommt. Viel schneller und
parler ainsi attends pas jusqu'à il à toi vient Beaucoup plus vite et

vernünftiger gehst du zu ihm. Ein hübscher Kirschbaum im Garten
sagement vas tu à lui Un joli cerisier dans le jardin

wäre eine schöne Sache. Das Plätzchen eignet sich dazu. Warte nicht,
serait une belle chose La petite place appropie 1... soi ...1 Attends pas

bis er von selber wächst, sondern setze einen!
jusque il de lui-même pousse mais plante un

Ferner, ein Abwassergraben, ein guter Weg durch das Dorf,
De plus un fossé un bon chemin à travers le village

wenigstens ein trockener Fußweg, ein Geländer am Wasser oder an
au moins un sec sentier un terrain à la eau ou à

einem schmalen Steg, damit die Kinder nicht hineinfallen, kommt viel
un étroit sentier afin que les enfants pas tombent dedans vient beaucoup

eher zustande, wenn man ihn macht, als wenn man ihn nicht macht.
plutôt réalisé si on lui fait comme si on lui pas fait

Man sollte nicht glauben, dass es Leute gibt, denen ein arabischer
On devrait pas croire que [---] personnes existent auxquelles un arabe

Prophet oder ein Kalenderschreiber so etwas erklären muss.
prophète ou un écrivain de calendrier quelque chose dans ce genre expliquer doit

Selbst der Kalenderschreiber, der doch einem Propheten nicht viel
Même le écrivain de calendrier qui néanmoins un prophète pas beaucoup

nachsteht, – es ließe sich noch ein Wort mehr sagen, – verlangt
suit il laisserait soi encore un mot plus dire exige

nicht, dass das alte Jahr fortdauern soll, bis der neue Kalender fertig
pas que la vieille année perdurer doit jusqu'à le nouveau calendrier terminé

ist, sondern er schreibt den neuen, wenn das alte noch andauert.
est mais il écrit le nouveau lorsque la vieille encore persiste

Moses Mendelssohn
Moses Mendelssohn

Moses Mendelssohn war jüdischer Religion und Angestellter bei
Moses Mendelssohn était [de] juive religion et employé chez

einem Kaufmann, der offenbar das Schießpulver nicht erfunden hat.
un commerçant qui apparemment la poudre à canon pas inventé a

Dabei war er aber ein sehr frommer und weiser Mann und wurde
Avec cela était il mais un très pieux et sage homme et devenait

daher von den angesehensten Männern hochgeachtet und
par conséquent de les plus renommés hommes hautement estimé et

geliebt. Und das ist recht. Denn man muss wegen des Bartes
aimé Et ceci est bien Car on doit pour la barbe

den Kopf nicht verachten, an dem er wächst.
la tête pas mépriser à laquelle elle pousse

Dieser Moses Mendelssohn gab unter anderem von der Zufriedenheit
Ce Moses Mendelssohn donna entre autre de la satisfaction

mit seinem Schicksal folgenden Beweis. Als eines Tages ein Freund
avec son destin suivante preuve Lorsque un jour un ami

zu ihm kam und er eben an einer schweren Rechnung schwitzte, sagte
à lui venait et il juste à une difficile facture transpirait disait

dieser: "Es ist doch schade, guter Moses, und ist unverantwortlich,
celui-ci Il est si dommage bon Moses et est irresponsable

dass ein so verständiger Kopf, wie Ihr seid, einem Mann dienen muss,
que une si raisonnable tête comme vous êtes un homme servir doit

der Euch das Wasser nicht reichen kann. Seid Ihr nicht am kleinen
qui vous la eau pas donner peut Etes vous pas au petit

Finger klüger, als er am ganzen Körper?" Einem Anderen hätte das
doigt plus sensé que il à le entier corps [à] un autre aurait ceci

im Kopf gewurmt; er hätte Feder und Tintenfass mit ein paar Flüchen
dans la tête rongé il aurait plume et encrier avec une paire jurons

hinter den Ofen geworfen und seinem Herrn gekündigt, sofort.
derrière le fourneau lancé et son patron démissionné tout de suite

Aber der verständige Mendelssohn ließ das Tintenfass stehen, steckte
Mais le raisonnable Mendelssohn laissa le encrier sur place coinça

die Feder hinter das Ohr, sah seinen Freund ruhig an und sprach zu
la plume derrière la oreille regarda 1... son ami tranquillement ...1 et parla à

ihm: "Das ist recht gut, so wie es ist, und vom Schicksal weise
lui Ceci est bien bon comme il est et de le destin sensé

ausgedacht. Denn so kann mein Herr von meinen Diensten viel
imaginé Car ainsi peut mon patron de mes services beaucoup

Nutzen ziehen und ich habe zu leben. Wäre ich der Herr und er mein
intérêt tirer et moi ai à vivre Serait moi le patron et il mon

Schreiber, ihn könnte ich nicht brauchen."
écrivain lui pourrait je pas avoir besoin

Rettung vor dem Galgen
Sauvetage de la potence

Eines Tages sagte zu sich selbst ein einfältiger Mensch: "Dumm bin
Un jour disait à soi-même une naïve personne Bête suis

ich; wenn ich nun pfiffige Streiche spiele, so wird kein Mensch
je si je maintenant rusés tours joue ainsi va aucune personne

vermuten, dass ich es bin." Also befasste er sich mit Diebstahl. Aber
se douter que je il suis Alors occupait il soi avec vol Mais

schon nach dem ersten Diebstahl wurde er als Täter entdeckt und
déjà après le premier vol était il comme coupable découvert et

festgenommen, weil er die goldene Uhr, die er gestohlen hatte, selber
arrêté car il la dorée montre qui il volée avait soi-même

trug und alle Augenblicke herauszog.
porta et tous instants sortit

Einige Ratsherren meinten, man könnte wegen seiner Einfalt etwas
Certains conseillers municipaux pensaient on pourrait à cause sa niaiserie un peu

milder mit ihm verfahren als mit anderen und ihn für ein Jahr oder so
plus doux avec lui procéder que avec autres et lui pour un an ou ainsi

ins Gefängnis schicken. "So?" sagten die Anderen, "ist es nicht
en prison envoyer Ainsi disaient les autres est il pas

genug, dass so viele schlaue Halunken das saubere Handwerk
assez que si nombreux rusés vauriens le propre artisanat

treiben? Soll man für die dummen auch noch Prämien aussetzen,
exercent Doit on pour les bêtes aussi encore primes offrir

damit alle stehlen?" Sechs gegen fünf sagten: Er muss an den Galgen.
afin que tous volent Six contre cinq disaient Il doit à la potence

Auf der Leiter, als ihm der Henker den Hals visitierte, sagte er zu ihm:
Sur la échelle lorsque lui le bourreau le cou visitait disait il à lui

"Guter Freund, Ihr habt's ziemlich dick da am Hals. Fast hätt' ich
Bon ami vous avez il assez épais là au cou Presque aurais je

einen längeren Strick nehmen sollen." Denn wirklich war dem armen
une plus longue corde prendre devoir Car vraiment était le pauvre

Schelm das Kinn ziemlich stark mit dem Hals verwachsen, und als der
gaillard le menton assez fort avec le cou soudé et lorsque le

Henker den Strick – ohnehin ungeschickt – angebracht hatte und den
bourreau la corde de toute façon maladroitement fixée avait et le

armen Sünder von der Leiter hinab stieß, rutschte dieser mit dem Kopf
pauvre pécheur de la échelle en-bas poussa glissait celui-ci avec la tête

aus der Schlinge heraus und fiel unversehrt herab auf die Erde. Einige
de le noeud dehors et tomba intact en-bas sur la terre Quelques

Zuschauer lachten, aber der größte Teil erschrak und tat einen lauten
spectateurs riaient mais la plus grande partie s'effraya et fit un fort

Schrei, als ob sie fürchteten, es würde dem Übeltäter, den sie doch
cri comme si ils craignaient il irait le criminel que ils mais

wollten sterben sehen, schaden.
voulaient mourir voir faire du mal

Der Henker stand einige Augenblicke wie versteinert da und sagte
Le bourreau resta 1... quelques instants comme pétrifié ...1 et disait

endlich: "So etwas ist mir in meinem Leben noch nie passiert."
enfin Quelque chose comme ça est moi dans ma vie encore jamais arrivé

Da sagte der Dieb unten auf der Erde kaltblütig und mit
Là disait le voleur en-bas sur la terre froidement et avec

gequetschter Stimme: "Mir auch nicht", und alle, die es hörten,
coincée voix Moi aussi pas et tous qui il entendaient

vergaßen die Ernsthaftigkeit einer Hinrichtung, und dass ein armes,
oubliaient le sérieux [de] une exécution et que une pauvre

schuldiges Geschöpf ausgelöscht wird, und mussten lachen. Der
coupable créature éteint devient et devaient rigoler Le

Henker selber hielt das Taschentuch vor den Mund und sah auf die
bourreau lui-même tenait le mouchoir devant la bouche et regarda sur le

Seite. Die milder gestimmten Ratsherren aber ermahnten die
côté Les plus doux accordés conseillers municipaux mais rappelaient les

strengeren: "Lasst jetzt den armen Teufel laufen! Am Galgen ist er
plus sévères Laissez maintenant le pauvre diable courrir A la potence est il

gewesen, und mehr habt ihr nicht verlangt, und Todesangst hat er
été et plus avez vous pas demandé et peur de mort a il

ausgestanden." Also ließen sie ihn laufen.
enduré Alors laissaient ils lui courrir

Seltene Liebe
Rare   amour

Mit dem Leichnam eines jungen Mannes in der Schweiz, der
Avec   la   dépouille   de un   jeune   homme   dans   la   Suisse   qui

erschossen wurde in einem Gefecht nicht weit vom Vierwaldstätter
fusillé   était   dans   une   bataille   pas   loin   de le   [dénomination]

See, mit dem ging es seltsam zu. Dass er nach dem Gefecht begraben
Lac   avec   lui   alla 1...   il étrangement   ...1   Que   il   après   la   bataille   enterré

wurde, an einem gut ausgewählten Platz, das wussten mehr als
était   à   une   bien   choisie   place   ceci   savaient   plus   que

zwanzig Männer aus dem Ort. Die, die es taten und dabei waren und
vingt   hommes   de   la   localité   Ceux   qui   il   firent   et   avec   étaient   et

ein Kreuz, wie man in der Eile eines machen kann, auf sein Grab
une   croix   comme   on   dans   la   vitesse   une   faire   peux   sur   sa   tombe

steckten. Auf dass, wer vorüberginge, auch ein Vaterunser für seine
fixaient   Sur quoi   qui   passerait   aussi   un   Notre Père   pour   son

Seele beten konnte.
âme   prier   pouvait

Am Dienstag darauf, als der Kirchenpfleger frühmorgens in die Kirche
A le   mardi   après   lorsque le   responsable de l'église   tôt le matin   dans   la   église

gehen und das Morgengebet anläuten wollte, lag   der Leichnam
aller   et   la   prière du matin   sonner   voulait   se trouvait   la   dépouille

daheim auf dem Kirchhof, vor der Kirchtüre. Man begrub ihn noch
chez soi   sur   le   cimetière   devant la   porte de l'église   On   enterra   lui   encore

einmal mit allen Gebräuchen und Gebeten der Kirche in die geweihte
une fois   avec   toutes   coutumes   et   prières   de la   église   dans   la   bénie

Erde. Als es noch einmal Dienstag wurde, war der Leichnam wieder
terre   Lorsque il   encore   une fois   mardi   devint   était   la   dépouille   de nouveau

aus dem Grab und dem Kirchhof weg verschwunden. Sonst tut der
de   la   tombe   et   devant le   cimetière   parti   disparu   Ordinairement fait la

Glaube Wunder. Diesmal aber tat es des Glaubens fromme Schwester,
croyance   miracle   Cette fois   mais   fit   il   de la   croyance   pieuse   sœur

die Liebe. Er war als Freiwilliger mitgezogen, weil ihm die Gemeinde,
le   amour   Il   était comme   volontaire   joint avec   car   lui   la   commune

falls er dabei den Tod fände, das Bürgerrecht angeboten hatte. Denn
si   il   avec   la   mort   trouverait   le   droit de cité   proposé   avait   Car

er war nur   ein einfacher Maurer, was zwar nicht zur Sache, aber zur
il   était seulement   un   simple   maçon   quoi certes   pas   à la   affaire   mais   à la

Wahrheit gehört.
vérité   appartient

Seine junge Frau aber ängstigte sich daheim und weinte und betete,
Sa   jeune   femme mais   effrayait   soi   à la maison   et   pleurait   et   priait

und jeder Schuss, den sie hörte, ging ihr schaurig durchs Herz, denn
et chaque coup de feu que elle entendait alla lui macabrement à travers le cœur car

sie fürchtete, er gehe durch das seinige. Einer ging da durch, und als
elle craignait il irait à travers le sien Un alla là à travers et lorsque

die anderen am dritten oder vierten Tag wohlbehalten nach Hause
les autres à le troisième ou quatrième jour sain et sauf vers maison

kamen, brachten sie ihr das blutige Gewand ihres Mannes, sein
venaient apportaient ils lui le ensanglanté costume sien mari son

Gebetsbüchlein und seinen Rosenkranz.
livret de prières et son chapelet

"Dein Mann", sagten sie, "hat jetzt   ein anderes Bürgerrecht
Ton mari disaient il a maintenant un autre droit de cité

angetreten. Er liegt   im   Ried. Ein Kreuz steht auf seinem Grab. Es
débuté Il se trouve dans le Ried Une croix se tient sur sa tombe Il
Das Ried = dénomination = La région inondable avec végétation luxuriante

hätte jeden treffen können", sagten sie. Die arme Frau verging fast in
aurait chacun toucher pouvoir disaient ils La pauvre femme passa presque en

Tränen und Wehklagen. "Mein Mann erschossen", sagte sie, "mein
larmes et lamentations Mon mari abattu disait elle mon

Einziges und Alles – und im   Ried begraben, in ungeweihter Erde!"
unique et tout et dans le Ried enterré dans non bénie terre

Da raffte sie sich plötzlich auf, und in der Nacht, als alles schlief, ging
Là ressaisit 1... elle soi soudain ...1 et dans la nuit lorsque tout dormait alla

sie allein mit einer Schaufel und mit einem Sack in das Ried hinunter,
elle seule avec une pelle et avec un sac dans le Ried en-bas

suchte das Grab und die geliebte Leiche und trug sie heim auf den
cherchait la tombe et la aimée dépouille et porta elle au foyer sur le

Kirchhof. Solche Herzhaftigkeit und Stärke hatte ihr der Schmerz und
cimetière Telle hardiesse et force avait lui la douleur et

die Liebe gegeben.
le amour donné

Als sie aber danach Tag und Nacht sich fast nie mehr von dem Grabe
Lorsque elle mais après jour et nuit soi presque jamais plus de la tombe

entfernen und nicht essen und trinken wollte, sondern unaufhörlich
éloigner et pas manger et boire voulait mais continuellement

das Grab mit ihren Tränen benetzte und mit dem Verstorbenen redete,
la tombe avec ses larmes arrosait et avec le défunt parlait

als ob er sie hören könnte, da sagte endlich der Vorsteher des Ortes,
comme si il elle entendre pouvait là disait enfin le responsable de la localité

es sei kein anderes Mittel übrig, als man grabe   den Toten
il serait aucun autre moyen restant que on déterrait 1... le mort

heimlicherweise noch einmal aus und bringe ihn auf einen anderen
secrètement encore une fois ...1 et apporterait lui sur un autre

Kirchhof, sonst vergehe noch die arme Frau.
cimetière sinon s'évanouirait encore la pauvre femme

Also brachte man sie mit viel Zureden und Mühe in ihre leere
Ainsi rapporta 2... on elle avec beaucoup sermonner et peine dans son vide

Wohnung zurück und brachte in der Nacht den Leichnam auf einen
appartement ...2 et apporta dans la nuit la dépouille sur un

anderen Kirchhof. Nur wenige Menschen wussten, wohin. Den
autre cimetière Seulement peu personnes savaient où Le

frommen Leser rührt diese Geschichte, und er sagt, solcher
pieux lecteur touche cette histoire et il dit pareil

beispiellosen ehelichen Liebe und Treue können nur noch
sans précédent conjugal amour et fidélité peuvent seulement encore

Schweizerherzen fähig sein. Irrtum! Beide, die unglückliche Frau und
cœurs Suisses capable être Erreur Les deux la malheureuse femme et

ihr verstorbener Gatte waren Fremdlinge, und zwar aus Deutschland.
son défunt mari étaient étrangers et certes de Allemagne

Doch kein Schmerz dauert ohne Ende; der heftigste am wenigsten.
Mais pas de douleur dure sans fin le plus violent le moins

Die Frau gewann in der Folge einen zweiten braven Gatten, ebenfalls
La femme gagna dans la suite un second brave mari également

einen Deutschen, und die Gemeinde erteilte diesem das Bürgerrecht,
un Allemand et la commune accorda celui-ci le droit de cité

das sein Vorgänger mit seinem Leben erkauft hatte. Diese Geschichte
que son prédécesseur avec sa vie acheté avait Cette histoire

hat mir auf dem See zwischen Winkel und Stansstad ein Augenzeuge
a moi sur le lac entre [dénomination] et [dénomination] un témoin

erzählt, und von der Ferne den Ort gezeigt, wo sie vorgefallen war.
raconté et de le lointain le endroit montré où elle passé était

Seltsame Ehescheidung
Curieux divorce

Ein junger Schweizer aus Solothurn kam in spanische Dienste, hielt
Un jeune Suisse de Solothurn arriva en espagnols services tena

sich gut und erwarb sich einiges Vermögen. Als es ihm aber zu wohl
soi bien et gagna soi certaine fortune Lorsque il lui mais trop bien

war, dachte er: will ich oder will ich nicht? – Endlich wollte er, nahm
était pensait il veux je ou veux je pas Enfin voulait il prit

eine hübsche, wohlhabende Spanierin zur Frau und machte damit
une jolie aisée Espagnole comme femme et faisait avec

seinen guten Tagen ein Ende. – Denn in den spanischen
ses bonnes journées une fin Car dans les espagnols

Haushaltungen ist die Frau der Herr, ein guter Freund der Mann, und
ménages est la femme le patron un bon ami le homme et

der Mann ist die Magd.
le homme est le domestique

Als nun der bedauernswerte Schweizer von der Sklaverei müde war,
Alors maintenant le regrettable Suisse de le esclavage fatigué était

fing er an, das fröhliche Leben in der Schweiz und die goldenen
commença 1... il ...1 la joyeuse vie dans la Suisse et les dorées

Berge zu rühmen; er meinte die Schneeberge, und wie
montagnes à vanter il pensait les montagnes enneigées et comment

man lustig nach Einsiedeln wallfahrten könne und schön beten am
on joyeux vers [dénomination] pélerinen pouvait et joliment prier à la

Grabe des heiligen Niklas, und was für ein großes Vermögen er
tombe du saint Niklas et quoi [---] une grosse fortune il

daheim besitze. Da wässerte endlich der Spanierin der Mund nach
à la maison possédait Là mouillait enfin la espagnole la bouche vers

dem schönen Land und Gut, und es war ihr recht, ihr Vermögen zu
le joli pays et bien et il était lui convenir sa fortune à

Geld zu machen und mit ihm zu ziehen in seine goldene Heimat.
argent à faire et avec lui à joindre dans son doré pays natal

Also zogen sie miteinander über das große Pyrenäische Gebirge bis an
Ainsi joignèrent ils ensemble par-dessus la grande chaîne des Pyrénées jusque à

den Grenzstein, der Spanien von Frankreich trennt; sie mit dem Geld
la borne qui Espagne de France sépare elle avec le argent

auf einem Esel, er nebenher zu Fuß. Als sie aber an dem Grenzstein
sur un âne il à côté à pied Lorsque ils mais à la borne

vorüber waren, sagte er: "Frau, wenn's dir recht ist, bis hierher haben
au-delà étaient disait il Femme si il toi juste est jusque par ici avons

wir's spanisch miteinander getrieben, von jetzt an treiben wir' s
nous il espagnol ensemble exercé à partir de maintenant exerçons nous il

schweizerisch. Bist du von Madrid bis an den Markstein geritten und
suisse As tu de Madrid jusque à la pierre de marquage chevauché et

ich bin dir zu Fuß nachgetrabt den langen Berg hinauf, so reit' ich
moi suis toi à pied trotter après la longue montagne en montant ainsi chevauche je

jetzt von hier weg bis Solothurn, und der Fußgänger bist du."
maintenant de ici loin jusque [dénomination] et le piéton est toi

56

Als sie darüber sich unwillig stellte und schimpfte und drohte und
Lorsque elle y soi indignée montrait et insultait et menaçait et

nicht von dem Tierlein herunter wollte: "Frau, das verstehst du noch
pas de la bestiole descendre voulait Femme ceci comprends tu encore

nicht", sagte er, "und ich nehme dir's nicht übel", sondern brach an
pas disait il et je prends toi il pas mal mais craqua 1... à

einem Busch einen tüchtigen Stecken ab und las ihr damit ein langes
un buisson un vaillant bâton ...1 et lut 2... elle avec un long

Kapitel aus dem Solothurner Eherecht vor, und als sie
chapitre de le de Solothurn droit du mariage ...2 et lorsque elle

alles wohlverstanden hatte, fragte er sie: "Willst du jetzt mit, du Hexe,
tout bien compris avait demanda il elle Veux tu maintenant avec tu sorcière

und gut tun, oder willst du wieder hin, wo du hergekommen bist?" Da
et bien faire ou veux tu à nouveau là de où tu venue es Là

sagte sie schluchzend: "Wo ich hergekommen bin!" und das war ihm
disait elle sanglotant De où je venue suis et ceci était lui

auch das Liebste.
aussi le plus cher

Also teilte der ehrliche Schweizer das Vermögen mit ihr und sie
Ainsi partagea le honnête Suisse la fortune avec elle et ils

trennten sich voneinander an diesem Grenzstein weiblicher Rechte,
séparaient soi l'un de l'autre à cette borne [de] féminins droits

und jeder zog wieder in seine Heimat. "Deinen Landsmann," sagte
et chacun passa à nouveau dans son pays natal Ton compatriote disait

er, "auf dem du hergeritten bist, kannst du auch wieder mitnehmen."
il sur lequel tu chevauché est peux tu aussi de nouveau emmener

Merke: In Spanien machen's die Weiber zu grob, aber in Solothurn
Remarque En Espagne font il les femmes trop rude mais à Solothurn

auch manchmal die Männer. Ein Mann soll seine Frau nie schlagen,
aussi quelques fois les hommes Un homme doit sa femme jamais frapper

sonst bringt er sich selber Unehre. Denn Ihr seid ein Leib.
sinon apporte il soi-même deshonneur Car vous êtes un corps

www.holder-augsburg-zweisprachig.de